Aus der Tiefe des Verstehens
die Liebe berühren

THICH NHAT HANH

Aus der Tiefe des Verstehens die Liebe berühren

Vorwort von Natalie Goldberg

Theseus Verlag

Informationen über weitere Bücher Thich Nhat Hanhs finden Sie auf den letzten Seiten dieses Buches

Die Deutsche Bibliothek - CIP-Einheitsaufnahme

Thich, Nhat Hanh:
Aus der Tiefe des Verstehens die Liebe berühren / Thich Nhat Hanh.
Mit einem Vorw. von Natalie Goldberg. [Übers. ins Dt.: Ursula Richard ; Karen Siebert]. - Berlin : Theseus-Verl., 1996
Einheitssacht.: Cultivating the mind of love <dt.>
ISBN 3-89620-082-8

ISBN 3-89620-082-8

Titel der amerikanischen Originalausgabe: Cultivating the Mind of Love, The Practice of Looking Deeply in the Mahayana Buddhist Tradition
erschienen bei Parallax Press, Berkeley, California, U.S.A.

Übersetzung ins Deutsche: Ursula Richard, Karen Siebert

Umschlaggestaltung: Morian & Bayer-Eynck, Coesfeld
Titelbild: © Pictor International
Lektorat: Mechthild Lier
Satz: Typowerkstätten des Bodoni-Museums
Druck: Wiener Verlag, Himberg
Printed in Austria

Gedruckt auf alterungsbeständigem Papier
mit chlorfrei gebleichtem Zellstoff

Inhalt

Vorwort 7

Der Dharma-Regen 11

Die erste Liebe 15

Das Aufkommen des Mahayana-Buddhismus 19

Die Schönheit des Frühlings 23

Der bessere Weg, eine Schlange zu fangen 31

Der Wächter 39

Der Diamant, der die Illusion durchschneidet 43

Abschied 55

Die drei Dharma-Siegel 59

Sromaufwärts schwimmen 65

Die Tore zur Befreiung 71

Die Sangha-Gemeinschaft der Praktizierenden 83

Die Welt des Avatamsaka 91

Das Lotus-Sutra 109

Ein Spaziergang in der letztendlichen Dimension 123

Quellen 137

Vorwort

Immer wieder erstaunt mich Thich Nhat Hanhs Fähigkeit, die buddhistischen Lehren auf das tägliche Leben anzuwenden und sie so für viele Menschen wichtig und hilfreich werden zu lassen. Von allen seinen Büchern ist *Aus der Tiefe des Verstehens die Liebe berühren* mein Lieblingsbuch geworden, vielleicht deshalb, weil es vom Lieblingsthema aller Zeiten handelt; einem Thema, das uns immer wieder in Verwirrung stürzt - der Liebe.

Im Juni 1992 hatte ich das Glück, an einem Retreat in Frankreich teilzunehmen, bei dem Thich Nhat Hanh die Dharma-Vorträge hielt, die wir in diesem Buch dokumentiert finden. Nie vergesse ich, wie ich mich damals fühlte, als ich ihm zuhörte. Er war ein Zen-Meister, der sich der Achtsamkeit verschrieben hatte, und er untersuchte die Natur der Liebe. Was ist Liebe? Wie gehen wir damit um? Wer sind wir in einem solchen Zustand? Was wollen wir wirklich? Uns alle hat schon einmal die Liebe gepackt - aber was haben wir mit ihr angefangen? Die meisten von uns sind doch, ohne es zu wollen, hineingetappt und haben dabei ihre klaren Vorstellungen, Perspektiven und den gesunden Menschenverstand verloren. Oft wird, was so schön begann, zur Falle. Aber hier in der Dharma-Nektar-Halle in Plum Village lauschte ich Thich Nhat Hanh, wie er fest den Stürmen der Liebe standhielt, sie eingehend untersuchte und sie zur Grundlage einer tiefgreifenden Praxis machte.

Als ich Thây (der vietnamesische Name für »Lehrer«) zuhörte, fühlte ich zum ersten Mal, wie etwas Heilsames in den Bereich der Liebe Einzug hielt. Jeden Morgen hielt er einen zweistündigen Vortrag. Begierig kam ich immer schon sehr früh in die Meditationshalle und setzte mich direkt vor ihn hin, bereit, diese Belehrungen ganz in mich aufzunehmen. Es war für mich wie eine Offenbarung, als mir klar wurde, daß ich mich nicht unbedingt hin und her geschleudert fühlen müßte, wenn mich Cupidos Pfeil traf. Welch großes Mitgefühl mußte Thich Nhat Hanh haben, so dachte ich, wenn er versuchte, die Quelle der Liebe westlichen Menschen zu erklären, die betäubt und geblendet sind von romantischen Versprechungen und sehnsuchtsvollen Liedertexten.

Er sprach über das *Diamant-Sutra,* das *Avatamsaka-Sutra* und das *Lotus-Sutra.* Jeden Morgen wechselte er nach der Hälfte der Zeit das Thema und erzählte uns eine weitere Episode der Geschichte, wie er sich als junger Mönch in eine Nonne verliebte. »Sich verlieben ist ein Unfall«, sagte er. »Denkt einmal nach über den Ausdruck ›falling‹ (im Englischen ›falling in love‹, Anm. d. Ü.) - ihr stolpert da hinein. Es war nicht vorgesehen, daß so etwas passiert. Schließlich war ich ja ein Mönch, und sie war eine Nonne.« Nun handelte Thich Nhat Hanh aber keineswegs blind aus diesem Gefühl heraus, wie wir es normalerweise tun. Voller Achtsamkeit untersuchte er statt dessen diese starken Gefühle und teilte nun, über 40 Jahre später, die Ergebnisse und Erkenntnisse mit uns. Er lehrte uns, so spürte ich, wie man auf gute Weise liebt.

Jetzt blättere ich in meinem Notizbuch und betrachte die Aufzeichnungen von damals. Sie leuchten mir förmlich vom Blatt entgegen:

»Deine erste Liebe hat weder Anfang noch Ende. Deine erste Liebe ist nicht deine erste Liebe, und sie ist auch nicht deine letzte Liebe. Sie ist einfach Liebe. Sie ist eins mit allen Dingen.«

»Der gegenwärtige Moment ist der einzige, den wir haben, und er ist das Tor zu allen anderen Momenten.«

»Kein Kommen. Kein Gehen. Alles erweckt nur den Anschein, geboren zu werden und zu sterben.«

»Dieses Selbst hat kein Selbst.«

»Es ist in Ordnung, im Prozeß der Liebe zu leiden.«

Alle Anwesenden in der Halle spürten ein spontanes Verstehen dessen, was er sagte, obgleich es oft unser logisches Verständnis umging und uns direkt im Herzen erreichte. »Ja«, dachten wir – »Liebe bedeutet doch mehr als Schokoladenbonbons zum Valentinstag.«

Eines Morgens hatte ich einen Einfall und schrieb Thây eine Notiz: »Wir könnten doch alle einmal eine halbe Stunde lang über unsere erste Liebe schreiben und dann diese Gefühle untersuchen – ihre Beschaffenheit, das Licht und das Dunkel, das wir empfanden.« Ich hielt es für eine gute Gelegenheit, unser Erlebnis zu erforschen. Mir wurde auch klar, daß die Arbeit eines Zen-Meisters auch die Arbeit eines Schriftstellers ist – nämlich nichts als selbstverständlich hinzunehmen, sondern intensiv und tiefgehend zu leben und das Leben zu fühlen, das uns geschenkt wurde. Es ist auch die Arbeit jeder und jedes Einzelnen, wenn wir der Welt Frieden bringen wollen. Es ist unsere Chance, einen Blick auf die Verbundenheit aller Dinge zu werfen, zu erkennen, daß unsere »erste Liebe weder Anfang noch Ende hat«. Am folgenden Tag las Thây meine Notiz laut vor und ermutigte alle, zu schreiben. Ich möchte die Leserinnen und Leser dieses Buches ermutigen, es auch zu tun.

Ich lebe in Taos, New Mexico. An jedem Mittwochabend trifft sich hier eine kleine Sangha; wir meditieren im Sitzen und Gehen, rezitieren die Regeln und trinken gemeinsam Tee. Jetzt lesen wir bei jedem Treffen auch immer zwei Seiten aus diesem Buch vor - in der Hoffnung, es stückweise zu ›verdauen‹, damit das, was wir hier lernen, fest in uns verankert wird. Wir wissen, daß dieses einfache Buch unsere Umgangsweisen, unsere Beweggründe und unsere Geisteshaltung verändern kann.

Ich rate euch dringend, die Worte Thâys langsam, so wie Sirup im Winter, in euch einfließen zu lassen, damit sie euer gesamtes Sein nähren - und damit wir alle mit einer freundlicheren Gesinnung auf dieser Erde wandeln.

Natalie Goldberg
Taos, New Mexico
Juni 1995

Der Dharma-Regen

Vor drei Jahren hielt ich eine Reihe von Vorträgen über meine erste Liebe. Alle Anwesenden in Plum Village, der Gemeinschaft in Frankreich, in der ich lebe und arbeite, waren dabei sehr konzentriert. Mit ihrem ganzen Sein hörten sie zu, nicht nur mit ihrem Intellekt. Keime der Liebe und des Verstehens, die tief in ihrem Bewußtsein verborgen waren, wurden berührt, und ich konnte erkennen, daß sie nicht nur meiner Geschichte lauschten, sondern auch ihrer eigenen. Wenn ein Thema interessant ist, dann braucht man sich beim Zuhören nicht anzustrengen.

Mühelos ist die Konzentration da, und das Verstehen erwächst aus der Konzentration.

Wenn ihr euch einen Dharma-Vortrag anhört, dann laßt einfach zu, daß der Regen des Dharma in den Boden eures Bewußtseins sickert. Denkt nicht zuviel; diskutiert und vergleicht nicht. Mit den Gedanken zu spielen ist, als versuchte man, Regen in Eimern aufzufangen. Erlaubt einfach eurem Bewußtsein, den Regen zu empfangen und aufzunehmen, dann erhalten die tief darin verborgenen Keime Gelegenheit, bewässert zu werden.

Im Buddhismus heißt es, das Bewußtsein bestehe aus zwei Teilen - dem »Speicherbewußtsein« *(alayavijnana)* und dem »Geistesbewußtsein« *(manovijnana)*.

In unserem »Speicherbewußtsein« sind Samen eingepflanzt, die all das repräsentieren, was wir jemals getan, erfahren oder empfangen haben. Wird ein Samenkorn gewässert, so manifestiert es sich in unserem Geistesbewußtsein.

Meditationsarbeit bedeutet, den Garten unseres Speicherbewußtseins zu pflegen. Als Gärtner oder Gärtnerin müssen wir dem Land vertrauen und wissen, daß alle Samen von Liebe und Verstehen, von Erleuchtung und Glückseligkeit dort bereits vorhanden sind. Aus diesem Grund brauchen wir auch nicht so intensiv nachzudenken bei einem Dharma-Vortrag oder uns Notizen zu machen. Alles, was wir tun müssen, ist einfach nur da zu sein und zuzulassen, daß die Samen von Liebe und Verstehen tief in unserem Inneren gewässert werden. Es ist nicht nur der Lehrer, der den Dharma-Vortrag hält. Der violette Bambus, die gelbe Chrysantheme und der goldene Sonnenuntergang - sie alle sprechen zur gleichen Zeit. Alles, was diese Samenkörner in uns bewässert, ist das wahre Dharma.

Wenn eine Frau schwanger wird, geschieht etwas in ihrem Körper und auch in ihrem Geist. Die Gegenwart des Kindes in ihrem Körper verwandelt ihr Leben, und es entsteht eine neue Energie, die ihr ermöglicht, Dinge zu tun, zu denen sie vorher nicht in der Lage war. Sie lächelt öfter und vertraut den Menschen mehr, und sie wird zu einer Quelle von Freude und Glück für andere. Selbst wenn sie sich nicht wohl fühlt, gibt es da einen wahrhaftigen Frieden in ihr, und die anderen Menschen fühlen das.

Wir, die wir Meditation praktizieren, können davon lernen. Da ist ein kleiner oder eine kleine Buddha in unserem Speicherbewußtsein, und wir müssen ihm oder ihr die Möglichkeit geben, geboren zu werden. Wenn wir das Buddha-Baby berühren

– die Samen von Verstehen und Liebe in uns –, dann werden wir erfüllt von *bodhicitta*, dem Geist der Erleuchtung, dem Geist der Liebe. Von diesem Augenblick an nährt alles, was wir sagen oder tun, dieses kleine Buddhawesen in uns, und es erfüllen uns Freude, Vertrauen und Energie. Gemäß den Mahayana-Lehren ist dieser Augenblick – wenn wir unser Bodhicitta erwecken, unseren Geist der Liebe berühren – der Moment, in dem die Praxis beginnt.

Unser Geist der Liebe mag vielleicht tief in unserem Speicherbewußtsein verborgen sein, unter vielen Schichten des Vergessens und der Leiderfahrung. Es ist Aufgabe des Lehrers oder der Lehrerin, uns zu helfen, ihn zu bewässern, damit er sich manifestiert. Im Zen-Buddhismus gibt uns der Lehrer oder die Lehrerin vielleicht ein *kung an* (japanisch: *koan*). Wenn beide, die lehrende und die lernende Person, Glück haben und geschickt sind, dann wird der Erleuchtungsgeist der Schülerin oder des Schülers berührt. Die lernende Person gräbt das Kung An tief in ihr Speicherbewußtsein ein; ihre Übung ist es sodann, das Kung An zu nähren, sich nur darauf zu konzentrieren – ob sie den Boden fegt, Geschirr abwäscht oder dem Klang der Glocke lauscht. Sie vertraut das Kung An ihrem Speicherbewußtsein an, so wie die schwangere Frau ihrem Körper vertraut, daß er ihr Baby nähren wird.

Ein tiefes Verstehen des Dharma findet nur langsam statt. Wenn ihr mir jetzt sagt, daß ihr bereits versteht, dann macht mich das eher etwas pessimistisch. Ihr glaubt, daß ihr versteht, tut es aber vielleicht doch nicht. Sagt ihr hingegen, ihr versteht nicht, dann bin ich optimistischer. Hört mit eurem ganzen Sein zu. Seid wirklich ganz da, ganz präsent – der Regen des Dharma wird die tiefsten Samen in eurem Speicherbewußtsein wässern. Wird der Same des Verstehens gewässert, dann schießt vielleicht morgen, während ihr gerade abwascht oder den blauen Himmel betrachtet, dieser Keim empor, und die Früchte der Liebe und des Verstehens erwachsen wunderschön aus eurem Speicherbewußtsein.

Die erste Liebe

Sie war zwanzig Jahre alt, als ich sie kennenlernte. Es war im Tempel des Vollkommenen Erwachens im Hochland von Vietnam. Ich hatte gerade einen Kurs über die Grundlagen des Buddhismus abgehalten, und der Abt des Tempels fragte mich: »Thây, wollen Sie nicht etwas Urlaub machen und ein paar Tage hier bei uns bleiben, bevor Sie nach Saigon zurückfahren?« »Ja, warum nicht?« sagte ich.

An diesem Tag war ich im Dorf gewesen, um dort einer Gruppe von jungen Leuten bei der Probe des Stücks zu helfen, das sie zu Têt, dem vietnamesischen Neujahrsfest, aufführen wollten.

Mehr als alles andere lag es mir am Herzen, den Buddhismus in meinem Land zu erneuern, ihn den Bedürfnissen der jungen Leute anzupassen. Ich war vierundzwanzig und voller schöpferischer Energie - ein Künstler und Dichter. Es war die Zeit des Krieges mit den Franzosen, und viele Menschen starben. Gerade war ein Dharma-Bruder von mir, Thây Tam Thuong, getötet worden.

Als ich bei meiner Rückkehr die Stufen zum Tempel hinaufschritt, sah ich dort eine Nonne stehen. Sie blickte auf die Hügel der Umgebung. Sie so dort stehen zu sehen war wie eine frische Brise in meinem Gesicht. Ich hatte schon vorher viele Nonnen gesehen, aber nie zuvor hatte ich ein solches Gefühl erlebt.

Damit ihr mich richtig versteht, möchte ich euch von einigen Erlebnissen erzählen, die ich Jahre zuvor hatte. Als ich neun Jahre alt war, sah ich auf dem Titelbild einer Zeitschrift das Bild des Buddha, wie er friedvoll im Gras sitzt. Sofort wußte ich, daß ich genauso friedlich und glücklich sein wollte. Zwei Jahre später sprachen wir zu fünft darüber, was wir einmal werden wollten, wenn wir erwachsen wären, und mein Bruder Nho sagte: »Ich möchte Mönch werden.« Das war eine originelle Idee, aber ich wußte, daß auch ich Mönch werden wollte. Und dies – wenigstens zum Teil –, weil ich dieses Buddha-Bild in der Zeitschrift gesehen hatte. Junge Leute sind sehr offen und lassen sich sehr beeindrucken. Ich hoffe, daß Film- und Fernsehproduzenten sich das einmal zu Herzen nehmen.

Sechs Monate danach machte unsere Klasse einen Ausflug zum Na-Son-Berg. Ich hatte davon gehört, daß ein Einsiedler dort lebte. Zwar wußte ich nicht, was ein Einsiedler war, aber ich wollte ihn sehen. Die Leute sagten, ein Einsiedler sei jemand, der sich der Praxis widme, friedvoll und glücklich zu werden wie ein Buddha. Wir liefen sechs Meilen bis zum Berg und stiegen dann noch einmal eine Stunde hinauf, aber als wir endlich angekommen waren, sagte uns unser Lehrer, daß der Eremit nicht da sei. Ich war so enttäuscht! Damals verstand ich nicht, daß Einsiedler meist keine Menschen sehen wollen. Deshalb kletterte ich, als der Rest der Klasse Mittagspause machte, weiter den Berg hinauf in der Hoffnung, ihm doch noch zu begegnen. Plötzlich hörte ich das Geräusch von plätscherndem Wasser, und ich folgte dem Geräusch, bis ich einen wunderschön in die Steine hineingebauten Brunnen entdeckte. Als ich in ihn hineinblickte, konnte ich jeden Kiesel, jedes Blatt am Grund erkennen. Ich kniete nieder und trank das sprudelnde, klare Wasser – und ich fühlte mich vollkommen erfüllt. Es war, als stünde ich dem Eremiten von Angesicht zu Angesicht gegenüber! Danach legte ich mich nieder und schlief ein.

Als ich wenig später wieder erwachte, wußte ich zunächst nicht, wo ich war. Dann erinnerte ich mich an meine Klassenkameraden, und als ich zu ihnen hinunterlief, kam mir ein Satz in den Sinn, aber nicht auf Vietnamesisch, sondern auf Französisch: *»J'ai goûté l'eau la plus délicieuse du monde.«* (»Ich habe das köstlichste Wasser der Welt gekostet.«) Meine Freunde waren froh, mich wiederzusehen, aber ich mußte immerzu an den Einsiedler und den Brunnen denken. Sie spielten weiter, und ich aß schweigend mein Mittagessen.

Mein Bruder wurde als erster Mönch, und die ganze Familie machte sich Sorgen um ihn, weil alle annahmen, daß ein Leben als Mönch zu schwierig sei. Deshalb erzählte ich ihnen nichts von meinem eigenen Wunsch, denselben Pfad zu beschreiten. Der Same in mir aber wuchs weiter, und vier Jahre später wurde dieser Traum Wirklichkeit. Ich wurde Novize an der Tu-Hiêu-Pagode, in der Nähe der Kaiserstadt Huê in Zentralvietnam.

Das Aufkommen des Mahayana-Buddhismus

Im Laufe seines Lebens hielt der Buddha die meisten seiner Dharma-Vorträge für Mönche und Nonnen, aber er belehrte auch Tausende von Laien, Männer wie Frauen; zu ihnen zählten Könige, Minister, Bauern, Straßenkehrer. Viele Sutren wie das *Ugradatta-Sutra* und das *Vimalakirti-Nirdesha-Sutra* widmen sich der Laienpraxis.

Als Anathapindika, ein engagierter Laie, der den Buddha und die Sangha unterstützte, die Lehren über Leerheit und Nicht-Selbst hörte, entwickelte er tiefes Verstehen, und er bat den Ehrenwerten Ananda, dem Buddha auszurichten, daß Laien sehr wohl in der Lage seien, diese wundervollen Lehren zu begreifen und zu praktizieren.

Aber in den Jahrhunderten, die auf den Buddha folgten, wurde die Praxis des Dharma eine exklusive Domäne von Mönchen und Nonnen. Den Laien blieb nur, die ordinierte Sangha mit Lebensmitteln, Behausung und Medizin zu unterstützen. Im ersten Jahrhundert vor unserer Zeitrechnung war die buddhistische Praxis so ausschließlich monastisch geworden, daß eine Reaktion darauf unvermeidbar war. Eine solche Reaktion war das das *Ugradatta-Sutra.* In diesem Sutra werden drei Fragen gestellt: Wie praktiziert ein Mönch (Sanskrit: *bhikshu;* Pali: *bhikkhu*)? Wie praktiziert eine oder ein Laien-*Bodhisattva?* Wie praktizieren Laien-Bodhisattvas, damit sie den Mönchen oder Nonnen gleichgestellt sind? Dieses Sutra berichtet davon, daß fünfhundert Laien, nachdem sie den Buddha hatten sprechen hören, den Wunsch äußerten, Mönche oder Nonnen zu werden; zweihundert weitere jedoch, die während der Dharma-Rede des Buddha den Erleuchtungsgeist zu entwickeln vermochten, äußerten diesen Wunsch nicht. Der Ehrwürdige Ananda fragte Ugradatta: »Warum wirst du nicht Mönch wie wir?« Dieser antwortete: »Ich brauche nicht Mönch zu werden. Ich kann genauso gut als Laie praktizieren.«

Am eindringlichsten wird diese Idee im *Vimalakirti-Nirdesha-Sutra* entwickelt. Vimalakirti, der in seiner Praxis wesentlich weiter fortgeschritten ist als alle Mönche, Nonnen oder himmlischen Bodhisattvas im Gefolge des Buddha, gibt vor, krank zu sein. Der Buddha bittet den Ehrwürdigen Shariputra, Vimalakirti aufzusuchen und sich nach seinem Befinden zu erkundigen. Shariputra antwortet: »Herr, er ist zu beredt und intelligent. Bitte, schicke jemand anderen.« Darauf fragt der Buddha Ananda und viele andere Mönche und Bodhisattvas, aber niemand möchte zu Vimalakirti gehen. Schließlich findet sich der Bodhisattva Manjushri bereit; und ihm gegenüber beweist Vimalakirti ein ums andere Mal, daß seine Einsichten viel tiefer sind als die Manjushris oder aller anderen Bodhisattvas. Es liegt nahe, daß Vimalakirti für die Entwicklung des Mahayana-Buddhismus sehr wichtig war.

Dieses Sutra war ein heftiger Angriff auf die Institution des Klosterwesens; es war ein Versuch, diese Institution zu verändern, damit die Mönche und Nonnen ihre Praxis offener und mit mehr Engagement für die gesamte Gesellschaft gestalten könnten - und nicht nur für sich selbst.

Das *Vimalakirti-Sutra* war so erfolgreich, daß ihm weitere folgten - eins über den Sohn Vimalakirtis, ein weiteres über eine Tochter und sogar eins über die Lehren einer Frau, die vormals Prostituierte gewesen war. Es ging letztlich darum, daß jeder Mensch, der seinen Erleuchtungsgeist verwirklicht hat, den Buddhismus lehren kann. Auch eine Prostituierte kann, wenn sie das Dharma studiert und praktiziert, eine Lehrerin für Götter und Menschen werden. In diesen Sutren erreicht das Mahayana-Ideal vom Laien-Bodhisattva seine höchste Ausformung. Im *Vimalakirti-Sutra* können wir sehen, daß herausragende Mönche wie Shariputra und Mogallana nur einfache Schüler sind im Vergleich zu Bodhisattvas, die für das Wohl aller praktizieren.

In den frühen *Prajnaparamita-Sutren* wird an vielen Stellen die Haltung derjenigen Mönche verurteilt, die nur für sich selbst praktizieren. Im *Atasahashrika-Prajnaparamita-Sutra* lesen wir: »Wenn die Königin mit einem Mann schläft, der nicht der König ist, dann kann man ihr Kind, auch wenn sie es gebiert, nicht als Kind von königlichem Blut bezeichnen. Solange du nicht zum Wohle aller Wesen mit erleuchtetem Geist und Herzen als Bodhisattva praktizierst, bist du nicht wirklich eine Tochter oder ein Sohn des Buddha. Praktizierst du nur für dein eigenes Vorankommen, deine eigene Erlösung, so bist du nicht wahrhaftig eine Tochter oder ein Sohn des Buddha.«

Diejenigen Mönche und Nonnen also, die sich nicht dahin gehend öffneten, zum Wohle aller Wesen zu praktizieren und damit das Bodhisattva-Ideal zu verinnerlichen, wurden demnach nicht für »wahre Söhne und Töchter des Buddha« gehalten. Im *Ugradatta-Sutra*, im *Vimalakirti-Sutra* und in den frühen *Prajnaparamita-Sutren* ist das Gedankengut des Mahayana-Buddhismus vielschichtig und tiefgründig – aber diese Sutrentexte haben noch eine gewisse aggressive Färbung.

Es muß wirklich sehr schwer gewesen sein, die Aufmerksamkeit der etablierten Mönche in den Klöstern zu erlangen, so daß es offenbar notwendig war, dabei eine feindselige Haltung einzunehmen. Zu Zeiten des *Saddharma-Pundarika-Lotus-Sutra* war der Mahayana-Buddhismus jedoch bereits eine Institution mit eigenen Schulen, Tempeln und einer soliden Grundlage – eine Art »protestantische« buddhistische Gemeinschaft von Mönchen, Nonnen und Laien, die eng zusammenarbeiteten. Der Ton des *Lotus-Sutra* ist daher ein versöhnlicher. Im *Vimalakirti-Sutra* ist Shariputra bedeutungslos, aber im *Lotus-Sutra* zeigt der Buddha große Liebe und Zuwendung für die Mönche und Nonnen, die seine Schülerinnen und Schüler sind. Das *Lotus-Sutra* bezeichnet den eigentlichen Beginn, die Begründung des Mahayana-Buddhismus, da es mit seinem alle einbeziehenden Ton den alteingesessenen Institutionen des Buddhismus freundlich und liebevoll die Hand reicht.

Die Schönheit des Frühlings

Denkt bitte an eure erste Liebe. Tut es langsam, stellt euch vor, wie es geschah, wo es stattfand, was euch in diese Situation gebracht hat. Erinnert euch an dieses Erlebnis, und betrachtet es in Ruhe, eindringlich, voller Mitgefühl und Verständnis. Ihr werdet einiges entdecken, was euch damals nicht aufgefallen ist. Es gibt in der Zen-Tradition ein Kung An, das lautet: »Welches war dein Gesicht, bevor deine Eltern geboren wurden?« Dies ist eine Einladung, auf die Reise zu gehen und dein wahres Selbst zu entdecken, dein wahres Gesicht. Betrachtet eure »erste Liebe« sehr eindringlich und versucht, ihr wahres Gesicht zu sehen.

Tut ihr dies, so erkennt ihr, daß eure »erste Liebe« vielleicht nicht wirklich die erste Liebe war; euer Gesicht war, als ihr geboren wurdet, vielleicht gar nicht euer wahres Gesicht. Wenn ihr dies eingehend betrachtet, so seid ihr vielleicht in der Lage, euer wahres, ursprüngliches Gesicht zu sehen und eure wahre erste Liebe. Ihr werdet sehen, daß eure erste Liebe noch immer gegenwärtig ist, immer hier, und daß sie fortfährt, euer Leben zu gestalten. Das ist ein Thema für die Meditation.

Als ich ihr begegnete, war es nicht wirklich das erste Mal, daß wir uns gesehen hatten. Wie hätte es auch sonst so leicht geschehen können? Hätte ich damals nicht das Buddha-Bild auf der Titelseite der Zeitschrift gesehen, so wäre unsere Begegnung nicht möglich gewesen. Wäre sie keine Nonne gewesen, hätte ich sie nicht geliebt. Es war ein so großer Friede in ihr, die Frucht ernsthafter Praxis - in anderen habe ich ihn nicht gefunden. Sie hatte in ihrem Nonnenkloster in Huê praktiziert, und sie erschien mir so friedvoll wie der Buddha, der im Gras saß. Mein Besuch beim Eremiten, das Trinken des klaren Wassers aus seinem Brunnen - all das war Teil unserer ersten Begegnung. In dem Augenblick, in dem ich sie sah, erkannte ich in ihr alles, was ich wertschätzte.

Sie besuchte ihre Familie im Hochland, aber da sie Nonne war, zog sie es vor, im Tempel zu wohnen. Sie hatte von dem Kurs über die Grundlagen des Buddhismus erfahren, den ich dort hielt, und war deshalb darauf vorbereitet, mich zu sehen, aber ich hatte noch nichts von ihr gehört. Als ich die Treppen hinaufgestiegen war, verbeugte ich mich und fragte nach ihrem Namen. Wir gingen hinein, um uns miteinander bekannt zu machen. In jedem Tempel gibt es einen besonderen Sitz für den Abt. Ich mußte mich dorthin setzen, weil der Abt für einige Tage weggefahren war und mich gebeten hatte, ihn zu vertreten. Ich lud sie ein, mir gegenüber Platz zu nehmen, aber sie setzte sich auf die Seite. Mitglieder der Gemeinschaft setzen sich nie vor den Abt. So will es die Tradition. Um einander anzuschauen, mußten wir den Kopf drehen.

Ihr Verhalten als Nonne war vollkommen - die Art, wie sie sich bewegte, wie sie schaute, wie sie sprach. Sie war still, sagte nie etwas, wenn sie nicht angesprochen wurde. Sie blickte stets vor sich auf den Boden. Auch ich war schüchtern. Nie traute ich mich, sie länger als eine oder zwei Sekunden lang anzuschauen, dann senkte ich meinen Blick wieder. Nach einigen Minuten verabschiedete ich mich und ging in mein Zimmer. Ich wußte nicht, was geschehen war, aber ich fühlte, daß mein

Frieden gestört war. Ich versuchte, ein Gedicht zu schreiben, aber es gelang mir nicht eine Zeile! So las ich die Gedichte von anderen in der Hoffnung, meine Ruhe wiederzufinden.

Ich las einige Gedichte von Nguyen Binh. Er sehnte sich nach seiner Mutter und seiner Schwester, und mir ging es ebenso. Wenn du als sehr junger Mensch Mönch wirst, dann vermißt du deine Familie. In Vietnam ist es Brauch, ein Räucherstäbchen und eine Kerze anzuzünden, bevor du diese Art von Poesie liest; dann rezitierst du das Gedicht. Ich weiß noch, daß ich Tränen in den Augen hatte, als ich das folgende Gedicht las:

Die Nacht ist da.
Der Wind und der Regen verkünden
das Nahen des Frühlings.
Noch schlafe ich allein, noch ist mein Traum unerfüllt.

Fallende Blütenblätter
scheinen meine Träume und Hoffnungen zu verstehen.
Sie berühren die Frühlingserde
in vollkommener Stille.

Den ganzen Nachmittag und Abend rezitierte ich weiter Gedichte. Ich dachte an meine Familie und rezitierte laut, versuchte, mich auf diese Weise von den Gefühlen zu befreien, die ich nicht verstand. Um sechs Uhr klopfte eine Schülerin der Klasse, die ich unterrichtete, an meine Tür und lud mich zum Abendessen ein. Vor seiner Abreise hatte der Abt sie gebeten, jeden Tag zu kommen und das Mittag- und Abendessen zu bereiten.

Die junge Nonne und ich aßen schweigend. Danach tranken wir gemeinsam Tee und sprachen in Ruhe miteinander. Sie erzählte mir, wie sie Nonne geworden war, wo sie ausgebildet wurde, bevor sie in das buddhistische Institut in Huê eingetreten war, und was sie studierte. Weiterhin blickte sie zu Boden und hob den Blick nur dann, wenn ich ihr eine Frage stellte. Sie sah aus wie Kwan Yin - ruhig, voller Mitgefühl und Schönheit. Von Zeit zu Zeit sah ich sie an, aber nicht lange. Es hätte unhöflich gewirkt, wenn sie es bemerkt hätte. Nach zehn, fünfzehn Minuten entschuldigte ich mich und ging zur Buddha-Halle, um dort zu meditieren und zu rezitieren.

Am nächsten Morgen begab ich mich erneut zur Meditationshalle, und nach einigen Minuten hörte ich auf einmal ihre Stimme neben mir. Nach dem Rezitieren verließen wir die Halle und unterhielten uns noch ein wenig vor dem Frühstück. An diesem Morgen besuchte sie ihre Familie. Ich war allein im Tempel. Am Nachmittag ging ich ins Dorf und half erneut den jungen Leuten bei der Probe ihres Stücks. Ich kehrte zurück, lief die Treppen empor und sah sie wieder dort stehen; sie blickte auf die Teeplantagen an den Hügeln. Wir aßen gemeinsam zu Abend, und hinterher las ich ihr einige meiner Gedichte vor. Danach begab ich mich in mein Zimmer und las allein noch etwas Poesie. Nichts hatte sich gegenüber dem Vortag verändert, aber innerlich wurde mir etwas klar - ich liebte sie. Ich wollte einfach nur mit ihr zusammensein, neben ihr sitzen und sie betrachten.

In dieser Nacht schlief ich nicht viel. Am nächsten Morgen schlug ich nach dem Sitzen und Rezitieren vor, in die Küche zu gehen und ein Feuer zu entfachen. Es war sehr kalt, und sie stimmte zu. Wir tranken eine Tasse Tee miteinander, und dann versuchte ich mein möglichstes, ihr zu sagen, daß ich sie liebte. Ich sagte viele Dinge, nur *das* konnte ich nicht sagen. So sprach ich über andere Dinge und hoffte, sie würde verstehen. Sie hörte aufmerksam und voller Mitgefühl zu, und dann flüsterte sie: »Ich verstehe nichts von dem, was Sie gesagt haben.«

Doch am nächsten Tag teilte sie mir mit, sie habe verstanden. Es war schwierig für mich, aber noch schwieriger für sie. Meine Liebe war wie ein Sturm, und sie war in der Energie dieses Sturmes gefangen und wurde mitgerissen. Sie hatte versucht, sich dagegen zu wehren, aber vergebens. Schließlich hatte sie es akzeptiert. Wir beide brauchten Mitgefühl. Wir waren jung, und es hatte uns beide gepackt. Dabei hatten wir ein ganz tiefes Bedürfnis, Mönch und Nonne zu sein, fortzufahren mit dem, wofür wir seit langer Zeit eine so tiefe Wertschätzung empfanden - und dennoch hatte uns die Liebe ergriffen.

In dieser Nacht schrieb ich ein Gedicht:

Der Frühling kommt langsam und leise,
erlaubt dem Winter, sich zurückzuziehen,
langsam und leise.
Die Farbe des Berges hat heute nachmittag
die Tönung von Wehmut.
Die schreckliche Blume des Krieges
hat ihre Spuren hinterlassen –
zahllose Blütenblätter von Trennung und Tod
in weißer und violetter Färbung.

Ganz sacht öffnet sich die Wunde
in der Tiefe meines Herzens.

Ihre Farbe ist die Farbe des Blutes,
ihr Wesen das Wesen der Trennung.

Die Schönheit des Frühlings stellt sich mir in den Weg.
Wie könnte ich einen andern Weg
zum Berg hinauf finden?

Ich leide so. Vereist ist meine Seele.
Mein Herz vibriert wie die zarte Saite einer Laute,
ausgesetzt in stürmischer Nacht.
Ja, er ist hier. Der Frühling ist wirklich gekommen.
Aber man hört es, klar und unüberhörbar,
das Wehklagen im wundervollen Gesang der Vögel.
Der Morgendunst ist schon geboren.
Die Frühlingsbrise spricht in ihrem Lied
von meiner Liebe und auch von meinem Leid.
So gleichgültig zeigt sich das All. Warum?
Allein kam ich zum Hafen,
und allein gehe ich nun fort.

So viele Pfade führen in die Heimat.
Alle sprechen schweigend zu mir.
Ich rufe das Absolute an.

Der Frühling breitet sich aus
in alle zehn Himmelsrichtungen.
Sein Lied, ach, ist doch nur das Lied
des Fortgehens.

Dieses Gedicht schrieb ich, um Erleichterung zu finden. Wie könnten wir weiterhin Mönch und Nonne bleiben und uns gleichzeitig diese kostbare Liebe erhalten?

Normalerweise erzählen Mönche solche Geschichten nicht. Ich denke aber, es ist wichtig, das zu tun. Wie soll die jüngere Generation sonst wissen, wie sie sich verhalten soll, wenn die Liebe sie ereilt? Als Mönch soll man sich nicht verlieben, aber manchmal ist die Liebe stärker als ein Entschluß. Diese Geschichte handelt von Gelübden, von Achtsamkeit, von der Sangha, dem Bodhicitta und der Transformation.

Der bessere Weg, eine Schlange zu fangen

Im *Sutra über die Kenntnis vom besseren Weg, eine Schlange zu fangen* zeigt der Buddha uns, wie wir die Wirklichkeit klar erkennen können, ohne uns in Konzepten und Vorstellungen zu verfangen. Ich hatte viele Jahre lang das *Diamant-Sutra* studiert, bevor ich das *Schlangen-Sutra* kennenlernte, und ich war glücklich festzustellen, daß das Gleichnis vom Floß und das »donnernde Schweigen« des Buddha, ihre Wurzeln in diesem frühen Sutra haben. Nach den Lehren des *Schlangen-Sutra* müssen wir sehr vorsichtig sein, wenn wir das Dharma studieren, denn wenn wir es falsch verstehen, können wir uns und anderen schaden. Der Buddha sagt, das Dharma zu verstehen sei, wie wenn man versuche, eine Schlange zu fangen. Wenn du die Schlange einfach am Körper packst, kann sie sich herumwinden und dich beißen. Wenn du aber weißt, wie man sie fängt, indem man sie nämlich hinter dem Kopf mit einem Gabelstock zu Boden drückt, dann kann sie dir nichts anhaben. »Wenn du nicht mit deinem ganzem Herzen, Geist und Sein das Dharma hörst, dann kann es passieren, daß du es falsch verstehst, und dann bringt es dir und anderen mehr Schaden als Nutzen. Beim Studium des Dharma mußt du vorsichtig und aufmerksam sein.«

Der Buddha sagte auch: »Es gibt immer Menschen, die die Lehren nur studieren, um ihre Neugierde zu befriedigen oder um in Streitgesprächen zu gewinnen und nicht um ihrer Befreiung willen. Bei solchen Beweggründen entgeht ihnen allerdings der wahre Geist der Lehren. Vielleicht erleiden sie große Not, müssen unnötig Schwierigkeiten auf sich nehmen und vergeuden am Ende nur ihre Kräfte.

Bhikkhus, jemand, der die Lehren auf diese Weise studiert, kann mit einem Mann verglichen werden, der versucht, in der Wildnis eine giftige Schlange zu fangen. Streckt er nur einfach seine Hand aus, beißt ihn die Schlange vielleicht in die Hand, das Bein oder einen anderen Körperteil. Auf diese Weise eine Schlange fangen zu wollen bringt nichts außer Leiden ein.

Ihr Bhikkhus, genau so ist es, wenn man meine Lehren falsch versteht. Wenn ihr das Dharma nicht richtig praktiziert, dann versteht ihr vielleicht genau das Gegenteil von dem, was ich gemeint habe. Praktiziert ihr aber auf intelligente Weise, dann versteht ihr Wortlaut und Geist der Lehren, und ihr seid in der Lage, sie richtig zu erklären. Übt nicht, um lediglich zu prahlen oder um euch mit anderen zu streiten. Übt, um Befreiung zu erlangen, dann werdet ihr kaum Schmerzen oder Erschöpfung erleben.

Bhikkhus, jemand, der das Dharma intelligent studiert, ist wie ein Mann, der einen gegabelten Stock benutzt, um eine Schlange zu fangen. Trifft er in der Wildnis auf eine giftige Schlange, so drückt er die Schlange mit dem Gabelstock unterhalb des Kopfes zu Boden und packt sie dann mit der Hand am Nacken. Selbst wenn die Schlange sich um seine Hand, sein Bein oder einen anderen Körperteil windet - sie kann ihn nicht beißen. Das ist der bessere Weg, eine Schlange zu fangen, einer, der nicht zu Schmerzen oder Erschöpfung führt.«

Wenn wir dieses buddhistische Sutra eingehend betrachten, dann entdecken wir viele Methoden, die uns später in den

Mahayana-Sutren empfohlen werden. Das *Prajnaparamita-Diamant-Sutra* enthält einen Satz, der fast wörtlich aus diesem Sutra hier stammt: »Alle wahren Lehren müssen aufgegeben werden und erst recht die Lehren, die nicht wahr sind.« Selbst wenn es das wahre Dharma ist, mußt du es loslassen und darfst dich nicht daran klammern.

Im gesamten *Tripitaka*, dem buddhistischen Kanon, werden Beispiele gegeben für ein falsches Verstehen der Buddha-Lehren. Als der Buddha sich einmal in der Nähe von Vesali allein zur Meditation zurückziehen wollte, hielt er zuvor in einem Kloster eine Lehrrede über Vergänglichkeit, über die Unreinheit des Körpers und über Nicht-Selbst. Einige Mönche faßten das Gesagte falsch auf und meinten: »Dieses Leben ist nicht wert, gelebt zu werden. Alles ist unrein und muß aufgegeben werden.« Nachdem der Buddha das Kloster verlassen hatte, um sich zurückzuziehen, begingen einige der Mönche dort Selbstmord.

Wie konnten die Mönche den Buddha so falsch verstehen? Wie konnten sie das für die wahre Lehre des Buddha halten? Tatsächlich gibt es aber auch heutzutage noch Menschen, die so denken. Der Buddha lehrte, daß das Leiden existiert; und nun denken sie, daß sie das Dasein beenden müßten, um das Leiden zu beseitigen. Es passiert so leicht, daß man die Buddha-Lehren mißversteht. Der Mönch Yamaka verbreitete diese Vorstellung, bis Shariputra eines Tages darauf aufmerksam wurde und ihm die korrekte Belehrung gab.

Im *Sutra über die Kenntnis vom besseren Weg, eine Schlange zu fangen* behauptet ein Mönch namens Arittha, der Buddha habe gesagt, daß Sinnesfreuden kein Hindernis für die Praxis seien. Die anderen Mönche versuchten, ihn von dieser Aussage abzubringen, aber er beharrte auf seinem Standpunkt. Als der Buddha davon hörte, ließ er Arittha zu sich rufen und fragte ihn in Gegenwart vieler anderer Mönche: »Arittha, ist es wahr, daß du behauptest, ich lehrte, Sinnesfreuden seien kein Hindernis für die Praxis?« Arittha antwortete: »Ja, Herr. Ich glaube, daß nach dem Geist deiner Lehren Sinnesfreuden kein Hindernis für die Praxis sind.«

Über diese Passage habe ich lange nachgedacht und außerdem etwas recherchiert. Welches Sutra du auch immer liest - du solltest stets sowohl den Kontext des Sutras im Auge behalten als auch die gesamte Buddha-Lehre. Dann verstehst du eher, was wirklich geschah. Ich fand heraus, daß Arittha durchaus ein intelligenter Mönch von ansprechendem Wesen war. Er hatte den Buddha über die Praxis der Selbstkasteiung sprechen hören, als dieser von seinen Erfahrungen während der sechsjährigen Askese-Übung erzählte. Der Buddha entdeckte damals, daß Askese nicht hilfreich war - um erleuchtet zu werden, mußt du auch für deinen Körper sorgen -, und so nahm er Reismilch und andere Nahrungsmittel von den Bewohnern aus Uruvela an.

Der Buddha war ein glücklicher Mensch, und er hatte Freude an einem schönen Morgen oder an einem Glas frischen Wassers.

Eines Tages, als er mit Ananda auf dem Geiergipfel stand, deutete er auf die unter ihnen liegenden Reisfelder und sagte: »Ananda, sind diese Felder nicht schön, wenn der Reis reif ist? Laß uns Mönchsroben in diesem Muster entwerfen.« Ein anderes Mal sagte er bei einem Gang durch Vesali: »Ananda, wie schön ist doch Vesali!« Als König Mahanama den Buddha und seine Mönche zu einem Mahl einlud, bemerkte der Buddha:

»Mahanama hat uns ein ausgezeichnetes Mahl bereiten lassen.« Er war sich der Güte des Essen sehr bewußt.

Ich bin Mönchen begegnet, die es nicht wagen zu sagen, daß ihnen das Essen, das sie zu sich nehmen, schmeckt. In Thailand wurde mir einmal köstlicher süßer Reis mit Mango angeboten. Ich sagte zu meinen Gastgebern: »Das war ausgezeichnet.« Mir fiel auf, daß Thai-Mönche so etwas nicht sagen. Ich denke aber, es ist kein Problem, Freude an den Dingen in uns und um uns herum zu haben, solange wir uns ihrer vergänglichen Natur bewußt sind. Wenn du Durst hast, dann ist doch nichts dabei, sich über ein Glas frischen Wassers zu freuen. Um es dann wirklich zu genießen, mußt du ganz im gegenwärtigen Augenblick verweilen.

Stirbt eine Blume, dann weinen wir nicht. Wir wissen um ihre Vergänglichkeit. Wenn wir uns darin üben, achtsam zu sein in bezug auf die Natur der Vergänglichkeit, dann leiden wir weniger und haben mehr Freude am Leben. Wenn wir wissen, daß Dinge vergänglich sind, dann schätzen wir sie im gegenwärtigen Moment. Wir wissen, daß auch die Menschen, die wir lieben, von vergänglicher Natur sind; deshalb tun wir alles, um sie jetzt glücklich zu machen. Vergänglichkeit ist nichts Negatives. Es gibt Buddhisten, die denken, wir sollten an gar nichts Freude haben, weil ja doch alles vergänglich ist. Sie glauben, Befreiung bedeute, sich aller Dinge zu entledigen und an nichts mehr Freude zu haben. Aber ich glaube, wenn wir dem Buddha Blumen reichen, dann sieht der Buddha die Schönheit der Blumen und hat großes Wohlgefallen daran. Es hat den Anschein, als sei Arittha nicht in der Lage gewesen, zwischen der Freude am Wohlbefinden des Körpers und Geistes und dem Schwelgen in sinnlichen Vergnügungen zu unterscheiden.

Im *Vimalakirti-Sutra* preist der Bodhisattva Manjushri das Schweigen des Laien Vimalakirti als »donnerndes Schweigen«, als ein Schweigen, dessen Echo noch in der weitesten Ferne zu hören ist und das die Kraft hat, die Fesseln der Anhaftung zu durchtrennen und Befreiung zu bringen.

Das gilt auch für das »Gebrüll des Löwen«, das verkündet: »Alle wahren Lehren müssen aufgegeben werden und erst recht die Lehren, die nicht wahr sind.« Darin kommt der Geist zum Ausdruck, den wir brauchen, um das *Sutra über die Kenntnis vom besseren Weg, eine Schlange zu fangen* wirklich zu verstehen.

In diesem Sutra sagt uns der Buddha auch, das Dharma sei ein Floß, mit dessen Hilfe wir den Fluß überqueren und ans andere Ufer gelangen können. Würden wir aber dann, am anderen Ufer angelangt, das Floß auf den Schultern weiter mit uns tragen, so wäre das unsinnig. »Das Floß ist nicht das Ufer.«

Dies sind die Worte des Buddha: »Ihr Bhikkhus, ich habe euch schon oft erklärt, wie wichtig es ist, zu wissen, wann die rechte Zeit gekommen ist, ein Floß loszulassen, sich nicht länger unnötig daran festzuhalten. Wenn ein Gebirgsbach über die Ufer tritt und zu einem reißenden Strom wird, der Schutt und Geröll mit sich führt, so wird ein Mann oder eine Frau, der oder die dort hinübergelangen will, überlegen: ›Wie kann ich dieses Hochwasser am sichersten überqueren?‹ Nachdem sie die Situation eingeschätzt hat, wird die Frau vielleicht Äste und Gras sammeln, ein Floß daraus bauen und so auf die andere Seite gelangen. Am anderen Ufer angekommen, denkt sie: ›Ich habe viel Zeit und Energie darauf verwendet, dieses Floß zu bauen. Es ist ein wertvoller Besitz, darum will ich es auf meiner weiteren Reise mitnehmen.‹ Ihr Bhikkhus, fändet ihr es klug, wenn sie das Floß auf Kopf oder Schultern an Land mit sich tragen würde?«

Die Bhikkhus antworteten: »Nein, du von aller Welt Verehrter. »

Der Buddha fuhr fort: »Wie könnte sie nun weiser handeln? Sie könnte denken: ›Dieses Floß hat mir geholfen, das Wasser sicher zu überqueren. Nun lasse ich es am Ufer zurück, damit ein anderer es gleichfalls nutzen kann.‹ Wäre dies nicht weitaus klüger?«

Die Bhikkhus erwiderten: »Ja, du von aller Welt Verehrter.«

Der Buddha sagte: »Ich habe über das Gleichnis vom Floß schon so oft gesprochen, um euch daran zu erinnern, wie notwendig es ist, alle wahren Lehren loszulassen und erst recht die Lehren, die nicht wahr sind.«

Der erste Aspekt bei der buddhistischen Meditation ist *samatha* (innehalten und zur Ruhe kommen), und der zweite ist *vipasyana* (Einsicht, tiefes Betrachten). Es gibt einen Zweig des frühen Buddhismus, der bekannt geworden ist als *vipassana* (das Paliwort, das dem Sanskritwort *vipasyana* entspricht). Studieren wir den Mahayana-Buddhismus, dann werden wir sehen, daß Vipassana, tiefes, eingehendes Betrachten, dem Herzen des Mahayana-Buddhismus ganz nahe ist. Der Buddha hat den Bodhisattvas viele konkrete Übungen angeboten, damit sie mit ihrer Hilfe Einsicht und Transformation erlangen können – nicht nur für sich selbst, sondern für alle Wesen.

Wenn wir das *Sutra über die Kenntnis vom besseren Weg, eine Schlange zu fangen* studieren, ein Sutra, das zu den frühen Belehrungen des Buddha zählt, erkennen wir darin eine ausgezeichnete Einführung in die Lehren des Mahayana-Buddhismus. Die Offenheit, die in diesem Sutra zum Ausdruck kommt, das Nicht-Anhaften an Sichtweisen und Auffassungen, dessen Notwendigkeit hier deutlich wird, und das Spielerische dieses Sutras sind ein wunderbares Dharma-Tor, durch das wir in den Bereich des Mahayana-Buddhismus gelangen und erkennen können, daß alle Samen des Mahayana bereits in den frühesten Buddha-Lehren zu finden sind.

Der Wächter

Für sie war es schwieriger als für mich. Sie vertraute mir wie einem älteren Bruder, und ich fühlte mich auch wirklich für sie verantwortlich. An dem Tag, an dem der Abt zurückkehren sollte, war sie sehr ruhig und still. Sie sprach und bewegte sich wie zuvor, nur ihr Lächeln war noch strahlender. Wenn du geliebt wirst, strahlst du großes Vertrauen aus.

An jenem Tag, dem letzten Tag des Mondjahres, tranken wir miteinander Tee und hatten ein mehrstündiges Dharma-Gespräch. Wir gehörten zur ersten Generation junger Mönche und Nonnen in Vietnam, die eine westliche Erziehung genossen hatten. Mehr als alles andere wollten wir den Menschen in unserem Land in der Zeit des Krieges helfen. Aber die Belehrungen, die die buddhistischen Institutionen anboten, hatten sich seit Jahrhunderten nicht geändert. Uns bewegte der Wunsch, Wege zu finden, wie wir unserer Gesellschaft Frieden, Versöhnung und Brüderlichkeit bringen konnten, und es war enttäuschend für uns, daß unsere Lehrer so etwas nie ansprachen. Jede Tradition muß sich von Zeit zu Zeit erneuern, um drängende aktuelle Themen aufgreifen zu können, und sie muß dazu Übungswege anbieten, die denen, die in dieser Tradition leben und praktizieren, helfen, sich zu erneuern.

Ich lebte und praktizierte mit fünf weiteren jungen Mönchen in einem kleinen buddhistischen Tempel außerhalb von Saigon. Wir hatten das buddhistische Institut in Huê verlassen, denn wir merkten, daß wir dort nicht die Belehrungen erhielten, die wir brauchten. In Saigon gab ich eine buddhistische Zeitschrift heraus; von dem Erlös konnte sich unsere Gemeinschaft unterhalten. Wir sechs Mönche besuchten auch die Schule und beschäftigten uns dort unter anderem mit westlicher Philosophie und Wissenschaft; wir waren überzeugt davon, daß uns die Fächer dabei helfen würden, die buddhistische Praxis in unserem Lande mit Leben zu erfüllen. Du mußt die Sprache deiner Zeit benutzen, um die Buddha-Lehren so zu vermitteln, daß die Menschen sie auch verstehen können.

Aus den Dharma-Gesprächen mit ihr wurde deutlich, daß wir beide denselben Idealen folgten. So hatte sie bereits einer Schwester vorgeschlagen, ein Zentrum für junge Nonnen zu gründen, in dem sie auf annähernd dieselbe Weise praktizieren könnten, wie wir sechs Mönche es taten. Ich erzählte ihr von einem Tempel in der Nähe des unseren, der vielleicht dafür in Frage käme. Mir war nicht bewußt, daß mein Vorschlag, jedenfalls zum Teil, auch aus dem Wunsch herrührte, sie wiederzusehen.

Gegen drei Uhr nachmittags war der Abt noch immer nicht zurückgekehrt, und so setzten wir unser Gespräch fort. Ich schilderte ihr meine Vorstellung, daß Mönche und Nonnen in der Zukunft Hochschulen einrichten, Gesundheitszentren aufbauen und sich in Kindergärten um die Kinder kümmern sollten. Ihre Arbeit sollten sie in meditativer Achtsamkeit verrichten; sie sollten nicht nur über Mitgefühl reden, sondern es in ihrem Handeln zum Ausdruck bringen. Inzwischen ist all das Wirklichkeit geworden. Heutzutage helfen Mönche und Nonnen in Vietnam Prostituierten, unterrichten Straßenkinder und leisten Sozialarbeit in vielen anderen Bereichen. Doch damals waren all diese Vorhaben nur ein Traum. Als wir über diese Dinge sprachen, merkte ich, wie glücklich sie dabei war. Ich sprach also weiter, bis ich heiser wurde. Als sie das bemerkte, ging sie in ihr Zimmer und brachte mir Hustenbonbons. Ich weiß noch genau den Namen auf der Schachtel, *Pâtes des Vosges*. Ich glaube nicht, daß ich mich daran noch erinnern könnte, wenn der Abt mir die Schachtel mit Hustenbonbons gegeben hätte.

Nach dem Abendessen meditierten und rezitierten wir und begaben uns dann auf unsere Zimmer. Beide hatten wir in den letzten drei Tagen wenig geschlafen; wir wußten, daß wir Schlaf brauchten, um uns gesundheitlich wieder zu erholen und dem Abt entgegentreten zu können, der sicherlich am nächsten Tag zurückkehren würde. Aber es war unmöglich zu schlafen. Um ein Uhr nachts war ich noch immer wach, und ich spürte ein großes Verlangen danach, mit ihr zusammen zu sein - mit ihr zu sitzen, sie anzuschauen, ihr zuzuhören. Mir war klar, daß dies die letzte Gelegenheit war, etwas Privatheit miteinander zu teilen. Es gab in dieser Nacht viele Augenblicke, in denen ich den Wunsch hatte, an ihre Tür zu klopfen und sie einzuladen, mit mir in der Meditationshalle die Diskussion fortzusetzen. Ich tat es jedoch nicht, denn wir hatten eine Übereinkunft, und das mußte ich respektieren. Ich hatte das Gefühl, daß sie vermutlich wach war und, würde ich zu ihr gehen und an ihre Tür klopfen, mit Freuden in die Meditationshalle mitkäme, um dort unser Gespräch fortzusetzen. Aber ich hielt dem Gefühl stand. Eine sehr starke Kraft in mir schützte sie und letztlich auch mich.

In dieser und all den vorangegangenen Nächten hatte ich niemals die Vorstellung, ihre Hand halten zu wollen oder sie auf die Stirn zu küssen. Sie repräsentierte alles, was ich liebte -

mein Ideal von Mitgefühl und liebevoller Güte und den Wunsch, den Buddhismus in der Gesellschaft zu verankern und Frieden und Versöhnung zu verwirklichen. Dieses Verlangen war so groß und heilig, daß ich alles andere, wie etwa ihre Hand zu halten oder sie auf die Stirn zu küssen, als eine Verletzung dessen, als einen Gewaltakt, empfunden hätte. Sie verkörperte alles, was mir im Leben bedeutsam war, und ich konnte und wollte all dies nicht zerstören.

Da war sie in ihrem Gemach wie eine Prinzessin, und das Bodhicitta in mir war der Wächter, der sie beschützte. Wenn ihr etwas geschehen würde, so würden wir beide, das wußte ich, alles verlieren - den Buddha, unser Ideal von Mitgefühl und den tiefen Wunsch, den Buddhismus zu erneuern. Ich mußte mich nicht darum bemühen, die Gelübde zu praktizieren - unser starker Wunsch, das Dharma zu verwirklichen, beschützte uns beide. Wenn wir unser Leben weiterführen wollten, durfte ich nicht weniger als ein Mönch, sie nicht weniger als eine Nonne sein. Als Befehlshaber der Truppen, die sie schützten, war es mir unmöglich, die Tür zu öffnen, zu ihrem Zimmer zu gehen und an ihre Tür zu klopfen. Das hätte alles zerstört.

Der Diamant, der die Illusion durchschneidet

Ein Diamant kann alles zerschneiden, aber nichts kann einen Diamanten zerschneiden. Wir müssen eine diamantengleiche Einsicht entwickeln, um unsere Verstrickungen zu durchtrennen. Wenn ihr zunächst das *Sutra über die Kenntnis vom besseren Weg, eine Schlange zu fangen* studiert und dann das *Diamant-Sutra,* dann werdet ihr die Verbindung zwischen den beiden Schriften erkennen.

Das *Diamant-Sutra* ist eins der ersten *Prajnaparamita-Sutren.* In ihm findet sich ein Gepräch zwischen dem Buddha und seinem Schüler Subhuti. 1250 Bhikkhus sind dabei anwesend. In späteren *Prajnaparamita-Sutren* sind immer nur wenige Bhikkhus, dafür aber viele Bodhisattvas anwesend - 25.000 oder 50.000. Subhuti hat die folgende Frage vorgebracht: »Weltverehrter, wenn Söhne und Töchter aus guten Familien höchsten, vollkommen erwachten Geist zu erwecken suchen, auf was sollen sie sich stützen und was sollen sie tun, um ihr Denken zu beherrschen?« Subhuti war sich dessen bewußt, daß Bodhicitta am Anfang der Laufbahn jedes Bodhisattvas steht - das tiefe Bedürfnis, uns selbst und andere Lebewesen ans Ufer der Glückseligkeit und der Befreiung zu bringen.

Hier ist die Antwort des Buddha: »Wieviele Arten von Lebewesen es auch geben mag - ob aus einem Ei oder einem mütterlichen Schoß geboren, aus Feuchtigkeit entstanden oder aus sich selbst heraus; ob diese Wesen nun Form haben oder keine

Form, Wahrnehmungen haben oder keine Wahrnehmungen; oder ob von ihnen nicht gesagt werden kann, ob sie Wahrnehmungen haben oder nicht –, wir müssen all diese Wesen zum endgültigen, vollständigen Nirvana führen, damit sie Befreiung finden können.« Wir müssen geloben, für alle zu praktizieren, nicht nur für uns selbst. Wir praktizieren für die Bäume, die Tiere, die Steine und das Wasser. Wir praktizieren für Lebewesen mit Form und Lebewesen ohne Form, für Lebewesen mit Wahrnehmung und Lebewesen ohne Wahrnehmung. Wir geloben, all diese Wesen ans Ufer der Befreiung zu führen. Und dennoch – wenn wir sie alle ans Ufer der Befreiung gebracht haben, stellen wir fest, daß überhaupt kein Lebewesen ans Ufer der Befreiung gebracht wurde. Dies ist der Geist des Mahayana-Buddhismus.

Die Lehren des *Prajnaparamita-Diamant-Sutra* sind in vierzig Versen zusammengefaßt. Jede Buddhistin und jeder Buddhist, die Einsichtsmeditation, Vipassana, praktizieren, haben Prajnaparamita, vollkommenes Verstehen, zur Mutter. Lebewesen sind niemals geboren worden, und sie sind rein von Anbeginn. Das ist die Praxis der höchsten Vollkommenheit. Während die oder der Bodhisattva Lebewesen ans andere Ufer bringt, sieht sie oder er nicht ein einziges Lebewesen. Das ist nicht schwer zu verstehen. Entspannt euch und laßt einfach den Dharma-Regen in euch eindringen. Ich bin sicher, ihr werdet verstehen.

Der Buddha sagte, es gebe vier Vorstellungen, die wir sorgsam untersuchen müssen: Selbst, Person, Lebewesen und Lebensspanne. »›Wenn die nicht zu zählende, unermeßliche, unendlich große Anzahl der Wesen befreit ist, denken wir nicht, daß auch nur ein einziges Wesen befreit ist.‹ Warum ist das so? Wenn,

Subhuti, ein Bodhsattva an der Vorstellung festhält, daß ein Selbst, eine Person, ein Lebewesen oder eine Lebensspanne existiere, dann ist er kein echter Bodhisattva.« Ein Bodhisattva ist befreit von jeder Vorstellung über ein Selbst, eine Person, ein Lebewesen und eine Lebensspanne.

Wir wissen, daß eine Blume aus Nicht-Blume-Elementen besteht wie Sonnenschein, Erde, Wasser, Zeit und Raum. Alles im Kosmos kommt zusammen, um die Gegenwart einer Blume hervorzubringen, und es sind diese unbegrenzten Bedingungen, die wir »Nicht-Blume-Elemente« nennen. Kompost hilft, die Blume zu erzeugen, und die Blume schafft mehr Kompost. Wenn wir meditieren, können wir den Kompost hier und jetzt in der Blume erkennen. Ein Mensch, der mit organischem Gartenanbau zu tun hat, weiß das bereits.

Das sind nicht nur Worte. Es ist unsere Erfahrung, die Frucht unseres Tief-in-die-Dinge-Hineinschauens. Was auch immer wir betrachten, wir können darin die Natur des Miteinander-Verbundenseins aller Dinge erkennen. Ein Selbst ist nicht möglich ohne Nicht-Selbst-Elemente. Welches einzelne Ding wir auch immer betrachten mögen, wir erkennen darin das gesamte Universum. Das eine besteht aus den vielen. Wenn wir sorgsam mit uns selbst umgehen, sind wir sorgsam mit denen, die uns umgeben. Ihr Wohlbefinden und Glück, ihre Stabilität sind unser Glück und unsere Stabilität. Sind wir frei von Vorstellungen über Selbst und Nicht-Selbst, dann haben wir auch keine Angst vor den Begriffen »Selbst« und »Nicht- Selbst«. Wenn wir aber das Selbst als unseren Feind betrachten und das Nicht-Selbst als unseren Retter, dann sind wir in der Falle. Dann versuchen wir, eine Sache wegzuschubsen und eine andere zu umarmen. Wenn uns klar wird, daß ein Sich-Kümmern um das

Selbst auch ein Sich-Kümmern um das Nicht-Selbst bedeutet, dann sind wir frei – keins von beiden müssen wir dann wegschieben.

Der Buddha sagte: »Nehmt Zuflucht zur Insel des Selbst.« Er hatte keine Angst davor, den Begriff »Selbst« zu verwenden, weil er frei war von jeglichen Vorstellungen. Wir Schülerinnen und Schüler des Buddha aber wagen nicht, den Begriff zu verwenden. Vor etlichen Jahren schlug ich einmal eine Gatha vor, die vom Lauschen auf den Klang der Glocke handelte: »Hört. Hört. Dieser wundervolle Klang bringt mich zurück zu meinem wahren Selbst.« Einige Buddhisten lehnten es ab, das zu rezitieren, weil das Wort »Selbst« darin vorkam. So änderten sie es in: »Hört. Hört. Dieser wundervolle Klang bringt mich zurück zu meiner wahren Natur.« Sie versuchten, als ernsthafte Schüler des Buddha dem »Selbst« zu entfliehen, wurden aber statt dessen Gefangene ihrer eigenen Vorstellungen.

Wenn ein Bodhisattva an der Vorstellung festhält, daß ein Selbst, eine Person, ein Lebewesen oder eine Lebensspanne existiert, dann ist diese Person kein echter Bodhisattva. Wenn wir dessen gewahr sind, daß Selbst immer aus Nicht-Selbst-Elementen besteht, dann sind wir nie Sklaven von Vorstellungen über Selbst und Nicht-Selbst – und wir brauchen auch keine Angst davor zu haben. Wenn wir sagen, der Glaube an ein Selbst bringe Schaden und sei gefährlich, dann sollten wir wissen, daß der Glaube an ein Nicht-Selbst sogar noch gefährlicher sein kann. Sich an die Vorstellung von einem Selbst zu klammern ist nicht gut, sich aber an die Vorstellung von einem Nicht-Selbst zu klammern ist noch schlechter. Wenn man versteht, daß das Selbst aus Nicht-Selbst-Elementen besteht, dann birgt das keinerlei Gefahr. Der Buddha hat keineswegs gesagt: »Ihr existiert nicht.«

Er sagte nur: »Ihr seid ohne Selbst.« Eure Natur ist Nicht-Selbst. Wir leiden, weil wir glauben, er habe gesagt, daß wir nicht existierten. Wir fallen dann von einem Extrem ins andere, aber beide Extreme bestehen lediglich in unserer Vorstellung. So erfahren wir niemals die Wirklichkeit. Wir haben nur diese Vorstellungen, und unter ihnen leiden wir.

Wir haben auch eine Vorstellung darüber, was Person sei im Gegensatz zu Nicht-Person – wie zum Beispiel Baum, Reh, Eichhörnchen, Falke, Luft oder Wasser. Aber auch »Person« ist eine Vorstellung, die wir transzendieren müssen. Eine Person besteht nur aus Nicht-Person-Elementen. Wenn ihr glaubt, daß Gott zuerst die Menschen schuf und dann erst Bäume, Früchte, Wasser und Himmel, dann seid ihr nicht in Übereinstimmung mit dem *Diamant-Sutra*. Das *Diamant-Sutra* lehrt uns, daß der Mensch aus Nicht-Mensch-Elementen besteht. Ohne Bäume kann der Mensch nicht sein. Ohne Früchte, Wasser und Himmel kann der Mensch nicht existieren. Wenn ihr in dieser Weise tief in die Dinge hineinschaut, so berührt ihr die Wirklichkeit und lebt ein Leben voller Achtsamkeit. Alles betrachtet und berührt ihr als eine Erfahrung, nicht als eine Vorstellung. Die Vorstellung, daß der Mensch wichtiger sei als andere Lebewesen, ist falsch. Der Buddha lehrte uns, gut auf unsere Umwelt zu achten. Er wußte, daß wir, wenn wir für die Bäume sorgen, damit auch für die Menschen sorgen. Im täglichen Leben müssen wir diese Art von Achtsamkeit walten lassen. Das ist keine Philosophie. Wir brauchen dringend Achtsamkeit, damit unsere Kinder und deren Kinder sicher leben können. Der Gedanke, daß der Mensch auf Kosten der sogenannten Nicht-Mensch-Elemente alles tun könne, ist eine verblendete und gefährliche Vorstellung.

Atme ein mit der tiefen Erkenntnis, daß du ein menschliches Wesen bist. Dann atme aus und berühre die Erde, deine Mutter. Stell dir die Ströme von Wasser vor, die auf der Erdoberfläche fließen. Sieh die Mineralien. Schau Mutter Erde an, unser aller Mutter. Dann hebe deine Arme und atme dabei; berühre nun die Bäume, Blumen, Früchte, Vögel, die Eichhörnchen, die Luft und den Himmel - die Nicht-Mensch-Elemente. Wenn dein Kopf die Luft berührt, die Sonne, den Mond, die Galaxien, den Kosmos - all die Nicht-Mensch-Elemente, die zusammengekommen sind, um den Menschen möglich zu machen -, dann kannst du erkennen, daß all diese Elemente zusammengekommen sind, um dein Sein, deine Existenz zu ermöglichen. Atme weiter, streck deine Arme aus, und sei dir dessen bewußt, daß auch du andere Elemente durchdringst. Auch der Mensch trägt dazu bei, daß die anderen Elemente möglich sind.

Nun wollen wir gemeinsam die Vorstellung »Lebewesen« betrachten. Lebewesen sind Wesen, die Gefühle, Empfindungen haben. Nicht-Lebewesen haben keine Empfindungen.

Allerdings finden Wissenschaftler es schwierig, hier eine genaue Trennlinie zu ziehen. Einige sind sich nicht sicher, ob Pilze nun Tiere oder Pflanzen sind.

Der französische Dichter Lamartine stellte einmal die Frage, ob unbelebte Objekte wohl eine Seele hätten. Ich würde sagen, ja. Der vietnamesische Komponist Trinh Song Son sagte: »Eines Tages werden selbst Felsen und Kieselsteine einander brauchen.« Wie wollen wir wissen, daß Felsen nicht leiden? Nachdem die Atombombe auf Hiroshima gefallen war, waren die Felsen in den Parks tot; die Japaner brachten sie weg und setzten lebende Felsen an ihre Stelle.

In den Tempeln des Mahayana-Buddhismus geloben wir, daß jegliches Wesen, ob belebt oder unbelebt, völlige, vollkommene Erleuchtung erfahren wird. Obwohl wir die Begriffe »belebt« und »unbelebt« verwenden, ist uns bewußt, daß sie alle Wesenheiten sind und daß die Unterscheidung zwischen belebt und unbelebt unzutreffend ist. Eine oder ein wirklicher Bodhisattva kann sehen, daß Lebewesen aus Nicht-Lebewesen-Elementen besteht. Damit löst sich die Vorstellung von Lebewesen auf, und die oder der Bodhisattva ist befreit. Eine solche Person widmet ihr Leben der Aufgabe, den Lebewesen zu helfen, »an das andere Ufer« zu gelangen, ohne daß sie dabei an der Vorstellung von »Lebewesen« festhält.

Daß wir die Wirklichkeit, so wie sie ist, nicht berühren können, liegt an unserer Neigung, Vorstellungen und Konzepte zu benutzen, um die Wirklichkeit zu erfassen. Wir konstruieren ein Bild von der Wirklichkeit, das sich mit der Wirklichkeit selbst nicht deckt. Deshalb sind diese Beispiele so wichtig, denn sie helfen uns, uns zu befreien. Sie sind keineswegs philosophisch zu verstehen. Wenn wir versuchen, aus der Buddha-Lehre eine Doktrin zu machen, dann verfehlen wir ihren Zweck. Dann haben wir die Schlange beim Schwanzende ergriffen. Im Alltag versuchen wir, achtsam zu leben, um mit der Wirklichkeit in Berührung zu sein, und wir beobachten die Dinge, um ihre wahre Natur, ihr Nicht-Selbst, zu erkennen. Viele Menschen verstehen diese Lehre des Buddha falsch. Sie glauben, der Buddha leugne die Existenz lebender Wesen. Es handelt sich aber nicht um ein Leugnen. Der Buddha gibt uns ein Werkzeug an die Hand, damit wir tieferes Verständnis und Befreiung erlangen. Das Instrument sollte benutzt, nicht verehrt werden. Das Floß ist nicht das Ufer.

Die drei ersten Vorstellungen - Selbst, Person und Lebewesen - beziehen sich auf den Raum. Die vierte Vorstellung - Lebensspanne - bezieht sich auf den Zeitbegriff. Bevor du geboren wurdest, hast du da bereits existiert? Gab es da ein Selbst? Wann begannst du, ein Selbst zu haben? Seit dem Moment der Empfängnis? Das Schwert der Unterscheidung schneidet die Wirklichkeit in zwei Teile - den Abschnitt deiner Nicht-Existenz und den Abschnitt, als du begonnen hast zu existieren. Wie wirst du fortfahren? Wirst du nach deinem Tode wieder zu nichts? Dies ist eine bedrohliche Vorstellung, die alle Menschen bewegt. Was wird passieren, wenn ich gestorben bin? Wenn wir hören: »Es gibt kein Selbst«, dann bekommen wir noch mehr Angst. Es ist so tröstlich, zu sagen: »Ich existiere«, und so fragen wir: »Was passiert, nachdem ich gestorben bin?« Wir versuchen damit, an einer Vorstellung von Selbst festzuhalten, die uns ein gutes Gefühl gibt. »Hier ist die Welt. Hier ist das Selbst. Ich werde weiterhin existieren.«

Der Buddha machte eine einfache Aussage bezüglich der Existenz von Dingen: »Dies ist, weil jenes ist. Dies ist nicht, weil jenes nicht ist.« Ein jedes hängt von allem anderen ab, um zu existieren.

Wir müssen wirklich genau verstehen, was der Buddha mit »sein« meint, denn unsere Vorstellung von sein unterscheidet sich vielleicht von der des Buddha. Wir können nicht behaupten, der Buddha habe »Sein« bestätigt und »Nicht-Sein« geleugnet. Das hieße wiederum, die Schlange am Schwanzende zu ergreifen. Als der Buddha sagte: »Dies ist, weil jenes ist«, wollte er damit keinesfalls eine Theorie über Sein, die das Nicht-Sein leugnet, begründen. Dies ist genau das Gegenteil von dem, was er meinte.

In der westlichen Philosophie kommt der Ausdruck »In-sich-selbst-begründet-Sein« dem buddhistischen Terminus »Soheit« sehr nahe, der die Realität, so wie sie ist, bezeichnet, frei von Konzepten, frei von Sich-Festklammern. Du kannst die Wirklichkeit nicht greifen; sie durch Vorstellungen und Begriffe erfassen zu wollen ist, als wollte man den Raum mit einem Netz einfangen. Wir müssen also damit aufhören, Konzepte und Vorstellungen zu benutzen; statt dessen sollten wir die Wirklichkeit in einem Moment der Konzeptlosigkeit unmittelbar berühren. Der Buddha gab uns ein Instrument an die Hand, mit dem wir Vorstellungen und Konzepte beseitigen und die Wirklichkeit direkt berühren können. Wenn du dich aber weiterhin an Vorstellungen und Konzepte klammerst, und seien es buddhistische, so versäumst du die Gelegenheit. Dann trägst du weiter das Floß auf den Schultern. Sei nicht gefangen in irgendeiner Doktrin oder Ideologie, auch in keiner buddhistischen.

Die Art von Sein, die der Buddha meint, wenn er von Sein spricht, trifft das Herz der Wirklichkeit. Es ist nicht die Vorstellung, die wir gewöhnlich konstruieren. Unsere Vorstellung von Sein ist dualistisch - wir betrachten Sein als das Gegenteil von Nicht-Sein. Der Buddha gebraucht die Sprache anders. Wenn er »Selbst« sagt, dann meint er damit nicht das Gegenteil von irgend etwas. Dem Buddha ist vollkommen bewußt, daß das Selbst aus Nicht-Selbst-Elementen besteht. Das ist unser wahres Selbst.

Ist es überhaupt möglich, unsere Vorstellungen von Sein und Nicht-Sein aufzugeben, um das wahre Sein zu berühren? Natürlich ist es das. Was wäre sonst der Sinn der Praxis? Im Mahayana-Buddhismus benutzen wir Gegenvorstellungen, um uns von unseren Vorstellungen zu befreien. Wenn du dich in der Vorstellung von Sein verfängst, dann gibt es da die Vorstellung von Leerheit, die dich retten kann. Wenn du aber vergißt, daß wahre Leerheit erfüllt ist von allem, dann verfängst du dich in deiner Vorstellung von Leerheit und wirst von der Schlange gebissen. Das *Ratnakuta-Sutra* besagt, daß es besser sei, in der Vorstellung oder dem Glauben an ein Sein gefangen zu sein als in der Vorstellung von Leerheit. Von allen anderen Vorstellungen kann man sich noch heilen durch die Vorstellung von Leerheit; aber wenn man in der Vorstellung von Leerheit gefangen ist, dann ist die Krankheit unheilbar. Der Glaube, daß das Selbst da war, bevor ich geboren wurde, und daß es weiter existiert nach meinem Tode, ist ein Glaube an Beständigkeit. Der umgekehrte Glaube - daß ich nach meinem Tode zu einem völligen Nichts werde - ist der Glaube an Vernichtung. Diese Arten der falschen Betrachtung werden im *Sutra über die Kenntnis vom besseren Weg, eine Schlange zu fangen* erörtert. Buddhistisch Übende müssen vorsichtig sein, in keine der Fallen zu geraten - weder in die Falle des Glaubens an ein beständiges Selbst (ob groß, ob klein) noch in die des Glaubens an völlige Auflösung, Vernichtung (sich in nichts auflösen). Beide Vorstellungen müssen transzendiert werden. Viele Buddhisten sind dazu nicht in der Lage, und so verfangen sie sich in der einen oder der anderen Vorstellung - und werden somit immer wieder von der Schlange gebissen.

Eines Tages betrachtete ich ein brennendes Räucherstäbchen. Der Rauch, der von seiner brennenden Spitze kam, formte viele wunderschöne Muster in der Luft. Das Räucherstäbchen schien zu leben, wirklich präsent zu sein. Ich spürte eine Existenz, ein Wesen, ein Leben, und so saß ich ganz ruhig da und freute mich an meinem Selbst und an dem »Selbst« des Räucherstäbchens. Ich erfreute mich an dem Rauch, der sich fortwährend emporkringelte und verschiedenartige Formen bildete. Ich benutzte meine linke Hand, um den Rauch »einzufangen«. Der letzte Moment, in dem das Stäbchen verglühte, war besonders schön. Als an dem einen Ende kein Räucherwerk mehr vorhanden war, gab es mehr Sauerstoff an beiden Enden, so daß es für einen Augenblick ganz intensiv aufflackerte und dabei eine hellrote Farbe erzeugte. Ich schaute voller Konzentration zu. Es war ein *Parinirvana*, ein großes Verlöschen. Wohin war die Flamme gegangen?

Wenn ein Mensch kurz vor seinem Tode steht, dann geschieht es oft, daß er in diesem letzten Augenblick ganz hellwach und aufmerksam wird, um sodann, genau wie dieses Räucherstäbchen, zu erlöschen. Wohin ist die Seele gegangen? Ich hatte noch weitere Räucherstäbchen, und ich wußte, würde ich im letzten Moment mit einem neuen Stäbchen das verlöschende Stäbchen berühren, so würde die Flamme auf das neue Stäbchen übergreifen. Das Leben des erloschenen Stäbchens hätte eine Fortsetzung gefunden. Es kam nur auf den Brennstoff an, auf die Bedingungen.

Die Lehre des Buddha ist sehr klar: Wenn bestimmte Bedingungen vorhanden sind, dann nehmen unsere Sinne etwas wahr; dann sprechen wir von »Sein«. Wenn diese Bedingungen nicht mehr ausreichen, dann nehmen unsere Sinne die Abwesenheit von diesem Etwas wahr, und das bezeichnen wir dann als Nicht-Sein. Das aber ist eine falsche Auffassung. In der Schachtel sind viele Räucherstäbchen. Wenn ich dem Brennstoff ein Stäbchen nach dem anderen als Nahrung reiche, ist dann das Leben des Räucherwerks ewig?

Ist der Buddha lebendig, oder ist er tot? Es ist eine Frage des Brennstoffs. Vielleicht bist du der Brennstoff, und du setzt das Leben des Buddha fort. Wir können nicht sagen, daß der Buddha lebt oder daß er tot ist. Die Wirklichkeit transzendiert Geburt und Tod, Entstehung und Zerstörung. »Welches war dein Gesicht, bevor deine Eltern geboren wurden?« Dies ist eine Einladung, dein wahres Selbst zu finden, jenes Selbst, das nicht Geburt und Tod unterliegt.

Abschied

Am Neujahrsmorgen hörten wir, als wir unsere Sitzmeditation und die Rezitation beendet hatten, wie Leute aus dem Dorf in großer Zahl zum Tempel kamen. Sie brachten Früchte, Blumen und alle Dinge, die man braucht, um Têt zu feiern. Ich half ihnen, die Buddhahalle zu schmücken, und sie half in der Küche. Dann kam der Abt zurück. Niemand schien gemerkt zu haben, was geschehen war, nicht einmal die junge Frau, die die Mahlzeiten für uns bereitet hatte. Am zweiten Tag des Neuen Jahres kehrte ich zu meinem Tempel zurück. Ich hatte wenig Hoffnung, sie noch einmal wiederzusehen.

Ich war ein anderer Mensch, als ich wieder heimkehrte, aber meine Dharma-Brüder merkten es nicht. Mein Tagesablauf muß fast normal gewirkt haben, auch wenn ich weniger sprach und mehr Zeit allein verbrachte. Von Zeit zu Zeit rief ich mit sanfter Stimme ihren Namen, damit ich sie nicht so sehr vermißte. Mir blieb nur, mit meinen Studien und meiner Praxis fortzufahren.

Eines Tages kam ich heim, und sie war da. Es war ihr gelungen, meinen Vorschlag in die Tat umzusetzen. Sie und eine zweite Nonne waren in den verlassenen Tempel ganz in der Nähe des unseren gezogen, um dort ein kleines Zentrum zu errichten, in dem Nonnen studieren, praktizieren und sich sozial engagieren konnten. Wir sechs Mönche waren hocherfreut darüber, nun Dharma-Schwestern in der Nähe zu haben, mit denen wir unsere Ideale und Hoffnungen teilen konnten. Ich schlug vor, daß sie mit uns gemeinsam den Buddhismus studieren sollten.

Ihrer Dharma-Schwester wollte ich behilflich sein, ihr Chinesisch zu verbessern, und so bat ich sie, ein Buch ins Vietnamesische zu übersetzen, das Werk eines chinesischen Wissenschaftlers, der sich mit dem Buddhismus beschäftigt hatte. Ich überarbeitete die Übersetzung und korrigierte viele Stellen, denn sie hatte das chinesische Original nicht sehr gut verstanden. Was *sie* betraf, so wollte ich ihr helfen, ihr Französisch zu verbessern, und gab ihr deshalb ein Buch zur Übersetzung, das in Französisch verfaßt war. Das sollte den beiden Nonnen helfen, ihr Chinesisch, Französisch und ihr Verständnis des Buddhismus zu schulen. Aber jedesmal, wenn ich ihr eine Unterrichtsstunde gab, blieben wir länger als nötig zusammen. Innerhalb von zwei oder drei Wochen fiel dies meinen Dharma-Brüdern auf, und sie bemerkten, daß ich verliebt war. (Es wäre schwierig gewesen, es nicht zu bemerken.) Zu meiner großen Überraschung akzeptierten sie es ohne jede Kritik. In meinem Herzen ist noch immer ein Gefühl großer Dankbarkeit für ihre Akzeptanz und Unterstützung.

Als ihre Dharma-Schwester es herausfand, konnte sie es jedoch nicht akzeptieren. Eines Tages sah ich Tränen in ihren Augen. Ich verstand. Ich wußte, daß ich das Problem lösen mußte.

Nachdem unsere Stunde am nächsten Tag beendet war, sagte ich: »Liebe jüngere Schwester, ich denke, du solltest zu dem neuen buddhistischen Institut Van Ho in Hanoi gehen. Wir werden weiter studieren, praktizieren und forschen, und eines Tages werden wir es finden.« Das buddhistische Institut wurde von einer Nonne geleitet, die eine sehr offene Einstellung hatte. Von dort aus, so hoffte ich, würde sie die Möglichkeit haben, andere Schwestern zu motivieren, die Art von Veränderungen umzusetzen, die wir miteinander erörtert hatten. Es war eine schwierige Entscheidung, denn es bedeutete, daß sie dann am anderen Ende des Landes leben würde, aber ich wußte, ich hatte keine andere Wahl.

Sie senkte den Kopf und sagte nur ein einziges Wort: »Ja.« Sie vertraute mir vollkommen. Wie hätte ich mich nicht verantwortlich fühlen können?

Traurigkeit überwältigte mich. Dennoch war ich froh, diese Entscheidung getroffen zu haben. Es gab in mir das Element der Anhaftung; aber da war auch die Stimme der Weisheit: das Wissen darum, daß wir nur auf diese Weise weiter wir selbst sein konnten, Erfolg haben konnten in unseren Bemühungen, zu suchen und zu verwirklichen – es war der einzige Weg.

Ich erinnere mich noch an den Moment, als wir voneinander Abschied nahmen. Wir saßen uns gegenüber. Auch sie schien voller Verzweiflung zu sein. Sie stand auf, kam ganz nahe an mich heran, nahm meinen Kopf in ihre Arme und zog mich auf ganz einfache, natürliche Weise an sich. Ich ließ die Umarmung zu. Es war das erste und gleichzeitig letzte Mal, daß wir uns körperlich berührten. Danach verbeugten wir uns und gingen auseinander.

Die drei Dharma-Siegel

Jede authentische Belehrung des Buddha muß die drei Dharma-Siegel enthalten - Unbeständigkeit, Nicht-Selbst und Nirvana.

Das erste Dharma-Siegel ist Unbeständigkeit. Nichts bleibt, was es ist, für auch nur zwei aufeinanderfolgende Momente. Heraklit sagte, wir könnten niemals zweimal im selben Fluß baden. Konfuzius sagte, auf einen Fluß blickend: »Er fließt, Tag und Nacht.« Der Buddha bittet uns, nicht nur über Unbeständigkeit zu reden, sondern sie als Instrument, als Werkzeug zu benutzen, um tief in die Wirklichkeit einzudringen und befreiende Einsicht zu erlangen.

Wir könnten versucht sein zu behaupten, weil die Dinge unbeständig seien, gebe es Leiden. Aber der Buddha ermutigt uns, noch einmal hinzuschauen. Ohne Unbeständigkeit ist das Leben gar nicht möglich. Wie könnten wir unser Leiden transformieren, wenn die Dinge nicht veränderlich wären? Wie könnte unsere Tochter zu einer hübschen jungen Frau heranwachsen? Wie könnte sich die Lage der Welt verbessern? Wir brauchen Unbeständigkeit, sonst kann es keine soziale Gerechtigkeit und keine Hoffnung geben.

Wenn du leidest, dann nicht deshalb, weil die Dinge unbeständig oder vergänglich sind, sondern weil du glaubst, die Dinge seien beständig, unveränderlich. Wenn eine Blume stirbt, dann leidest du nicht besonders, denn du weißt und verstehst, daß Blumen vergänglich sind. Aber du kannst nicht die Vergänglichkeit eines geliebten Menschen akzeptieren, und so leidest du sehr, wenn die Person stirbt. Wenn du Vergänglichkeit sehr eingehend betrachtest, dann wirst du alles daran setzen, diesen Menschen jetzt glücklich zu machen. Bist du dir der Vergänglichkeit oder Unbeständigkeit bewußt, dann wirst du positiv, liebevoll und weise. Vergänglichkeit ist eine gute Botschaft. Ohne Vergänglichkeit oder Unbeständigkeit wäre gar nichts möglich. Vergänglichkeit ist das Tor zu jeder Veränderung. Statt uns zu beklagen, sollten wir sagen: »Lang lebe die Vergänglichkeit!« Vergänglichkeit ist ein Werkzeug für unsere Befreiung.

Das zweite Dharma-Siegel ist Nicht-Selbst. Glaubst du an ein beständiges Selbst, an ein Selbst, das auf immer und ewig existiert, ein getrenntes, unabhängiges Selbst, dann kann deine Auffassung nicht als buddhistisch bezeichnet werden. Unbeständigkeit ist ein Aspekt der Zeit; Nicht-Selbst ist ein Aspekt des Raumes.

Wenn wir die Lehren des *Diamant-Sutra* praktizieren und immer genauer die Vorstellungen von Selbst, Person, Lebewesen und Lebensspanne betrachten, dann entdecken wir, daß es gar keine Grenzen gibt zwischen Selbst und Nicht-Selbst, zwischen Person und Nicht-Person, zwischen Lebewesen und Nicht-Lebewesen und zwischen Lebensspanne und Nicht-Lebensspanne. Wenn wir einen Schritt auf der grünen Erde tun, dann sind wir uns der Tatsache bewußt, daß wir aus Luft, Sonnenschein, Mineralien und Wasser bestehen und daß wir Kinder der Erde und des Himmels sind, verbunden mit allen anderen Wesen, den belebten und den unbelebten. Das ist die Praxis von Nicht-Selbst. Der Buddha lädt uns dazu ein, achtsam im Samadhi des Miteinander-Verbundenseins, des Nicht-Selbst und der Unbeständigkeit zu verweilen.

Das dritte Dharma-Siegel ist Nirvana. Es bedeutet »Verlöschen« – das Verlöschen jeglicher Verstrickungen und Vorstellungen. Die drei elementaren Verstrickungen menschlicher Wesen sind Gier, Haß und Verblendung. Verblendung *(avidya)*, die Unfähigkeit, die Wirklichkeit zu verstehen, ist die grundlegende von ihnen. Weil wir verblendet sind, verlangen wir nach Dingen, die uns zerstören, und wir werden über so viele Dinge wütend. Wir versuchen, nach der Welt unserer Projektionen zu greifen, und wir leiden darunter. Nirvana, das Ende allen Verstricktseins, stellt die Geburt der Befreiung dar. Das Verlöschen einer Sache bringt immer die Geburt einer anderen hervor. Wenn die Dunkelheit ausgelöscht ist, kommt das Licht hervor. Wenn Leiden beseitigt ist, sind Frieden und Glückseligkeit für immer da.

Viele Gelehrte sagen, Nirvana sei Vernichtung, das Verlöschen von allem, und Buddhisten würde es nach dem Nicht-Sein verlangen. Aber auch sie sind von der Schlange des Nirvana gebissen worden. In vielen Sutren gibt der Buddha zu verstehen, daß die Auffassung, seine Lehre würde Vernichtung und Nicht-Sein beschreiben, nicht korrekt ist, auch wenn viele Asketen und Brahmanen es so gesehen haben. Der Buddha bietet uns Nirvana an, um uns von unserer Anhaftung an den Vorstellungen von Vergänglichkeit und Nicht-Selbst zu befreien. Wenn wir uns in Nirvana verfangen, wie wollen wir da je entfliehen?

Vorstellungen und Konzepte können durchaus hilfreich sein, wenn wir lernen, geschickt mit ihnen umzugehen, ohne uns darin zu verfangen. Der Zen-Meister Lin Chi sagte: »Triffst du den Buddha unterwegs, töte ihn.« Damit meint er, wenn du eine Vorstellung von Buddha hast, die dich daran hindert,

Buddha direkt zu erfahren, dann bist du vom Objekt deiner Auffassung gefangen; es gibt nur einen Weg, dich zu befreien und den Buddha zu erfahren - indem du deine Vorstellung von Buddha tötest. Das ist das Geheimnis der Praxis. Wenn du an einem Gedanken oder einer Vorstellung festhältst, versäumst du die Chance.

Es ist durchaus eine Kunst, die eigenen geistigen Konstrukte von der Wirklichkeit zu transzendieren. Lehrerinnen und Lehrer haben die Aufgabe, den Lernenden zu zeigen, wie man es schafft, keine Vorstellungen anzuhäufen. Wenn du mit Vorstellungen beladen bist, dann wirst du nie befreit werden. Die Praxis besteht darin zu lernen, wie man wirklich tief in die wahre Natur der Dinge hineinschaut, eine unmittelbare Verbindung zur Wirklichkeit selbst herstellt und sie nicht nur mit Hilfe von Begriffen, Vorstellungen und Konzepten beschreibt.

Jede Lehre, die die Kennzeichen der drei Dharma-Siegel trägt, ist wirkliches Buddha-Dharma. Der Buddha gibt uns Unbeständigkeit als Instrument an die Hand, damit wir wirklich tief schauen können, wenn wir uns aber darin verfangen, dann bietet er uns das Instrument des Nicht-Selbst. Verfangen wir uns wiederum darin, dann bietet er uns Nirvana, das Verlöschen aller Verstrickungen und Vorstellungen.

Im *Sutra der Einhundert Gleichnisse* erzählt der Buddha die Geschichte eines Mannes, der Durst hat. Als die Leute zu ihm sagen, er solle doch zum Fluß gehen, gerät er außer sich, als er so viel Wasser sieht, und sagt: »Wie soll ich denn all das Wasser trinken?« Er weigert sich zu trinken und stirbt am Flußufer.

Viele von uns sterben auf gleiche Weise. Wenn wir das Dharma des Buddha als eine Vorstellung begreifen, dann sterben wir am Leid, das aus einem falschen Verständnis von der wahren Natur der Dinge entsteht. Praktizieren wir aber das Buddha-Dharma, indem wir unsere eigene Intelligenz einsetzen, dann haben wir die Möglichkeit, von dem Wasser zu trinken und den Fluß zu überqueren – wir erreichen das andere Ufer.

Stromaufwärts schwimmen

Zwei Monate nach ihrer Abreise nach Hanoi erhielt ich einen Brief von ihr. Darin schrieb sie, daß sie meinen Anregungen genau gefolgt sei und daß sich alles, obwohl es nicht einfach für sie sei, allmählich gut entwickele. Ich schrieb zurück und versicherte sie meiner Liebe und meiner Unterstützung. Es war für uns beide schwierig, aber unsere Trennung hatte auch einige positive Auswirkungen. Im Laufe der Zeit und durch die Distanz waren wir in der Lage, innerlich zu wachsen, die Dinge anders zu betrachten, und unsere Liebe wurde dadurch reifer. Das Element der Anhaftung war geringer geworden, und Mitgefühl und liebevolle Güte konnten sich entfalten und erblühen. Die Trennung zerstörte unsere Liebe nicht, sondern stärkte sie.

Ich sehe keinerlei Unterschied zwischen dem *Schlangen-Sutra*, dem *Diamant-Sutra* und dieser Liebesgeschichte. Wenn ihr diese Liebesgeschichte hört, kann euch das helfen, das Dharma zu verstehen, und wenn ihr das Dharma versteht, wird euch das helfen, diese Liebesgeschichte zu verstehen. »Was geschah als nächstes?« Was als nächstes geschah - das liegt an euch. »Wie heißt sie? Wo ist sie jetzt?« Vielleicht fragt ihr ja auch: »Wer ist Thây? Was ist aus ihm geworden?« Diese Geschichte passiert jetzt und hier; sie passiert euch und mir. Wenn wir offenen Herzens sind, wenn wir tief in alles hineinschauen, dann können wir die Wirklichkeit berühren. Dies ist der Weg, den uns das *Diamant-Sutra* lehrt.

Der Ausdruck »erste Liebe« ist irreführend. Deshalb bin ich ja »stromaufwärts« gegangen und habe euch andere Geschichten erzählt – habe euch von dem Buddha-Bild in der Zeitschrift erzählt, davon, wie ich den Berg hinaufstieg und Wasser aus dem Brunnen trank, und davon, wie ich Mönch wurde. Wäre da nicht das Buddha-Bild gewesen, hätte es nicht den Brunnen gegeben, wäre mein Bruder nicht Mönch geworden – wie hätte ich ihr begegnen können? Sie besteht aus »Nicht-sie«-Elementen, die aus dem Strom meines Lebens kamen, sogar schon vor meiner Geburt. Meine Vorfahren waren ihr schon begegnet. Meine »erste Liebe« war immer schon da. Sie hat keinen Anfang. In dem Augenblick, als ich das verstand, verwandelte sie sich in etwas noch viel Kraftvolleres. Dieser Same von tiefer Liebe ist in jeder und jedem von uns.

Als ich das Wasser vom Berg des Eremiten trank, da wurde der Strom frischen Wassers in meinem eigenen inneren Fluß gespeist. Auch das Betrachten des Buddha-Bildes war Teil des Stromes, der meinen Fluß speiste. So auch meine Mutter und mein großer Bruder. Tatsächlich münden sie alle noch immer in meinen Fluß ein. Ich bestehe nur aus »Nicht-ich«-Elementen – dem Eremiten, der buddhistischen Zeitschrift, meiner Mutter, meinem Bruder und ihr. Wenn ihr fragt: »Was geschah als nächstes?«, dann vergeßt ihr dabei, daß das Selbst aus Nicht-Selbst-Elementen besteht. Weil es euch gibt, gibt es mich. Was dann geschah, hängt von euch ab.

Die Genfer Friedensverträge wurden 1954 unterzeichnet, und Vietnam wurde in zwei Teile geteilt, in den Norden und den Süden. Sie verließ Hanoi und kehrte in ihr altes buddhistisches Institut in Huê zurück. Darüber war ich sehr froh; denn sie lebte nun im gleichen Landesteil wie ich, südlich des 17. Breitengrades, und es gab somit für uns die Möglichkeit, uns wiederzusehen. Ich schrieb ihr und bot ihr wie immer meine volle Unterstützung an. Viele Flüchtlinge - Buddhisten und Katholiken - flohen vom Norden in den Süden. In dieser Zeit gab es im Land große Verwirrung, und es herrschte ein großes Durcheinander. Ich hatte etliche populäre Bücher über engagierten Buddhismus geschrieben; und 1954 fragte eine Tageszeitung an, ob ich eine Reihe von Artikeln über Buddhismus schreiben wolle, die den Leuten bei der Bewältigung dieser konkreten Probleme helfen sollten. Diese Artikel erschienen jeweils auf der Titelseite mit großen Überschriften wie »Buddhismus und die Frage nach Gott« oder »Buddhismus und die Probleme der Demokratie«. Auf diese Weise sollte der Buddhismus als etwas sehr Belebendes und Wesentliches vorgestellt werden.

Auch für das buddhistische Establishment war diese Zeit eine Zeit der Unsicherheit und Neuorientierung. Ich erhielt eine Einladung des An-Quang-Instituts, einer der renommiertesten buddhistischen Lehranstalten in Südvietnam, um dort ein neues Curriculum zu entwickeln. Wir jungen Mönche und Nonnen wollten einen Buddhismus praktizieren, der lebendig war, der unsere tiefsten Bedürfnisse und Wünsche zum Ausdruck brachte und dazu beitragen konnte, unserem Land Frieden, Versöhnung und Wohlergehen zu bringen. Diese Einladung von seiten des Institutsrates, ein neues Lehrprogramm zu entwickeln, war eine großartige Gelegenheit, unseren Traum zu verwirklichen. Deshalb organisierte ich eine Reihe von Versammlungen mit Hunderten von Mönchen, Nonnen und anderen Menschen, und zwischen uns entwickelte sich eine Atmosphäre von Hoffnung, Vertrauen und Liebe. Der Patriarch der Vereinigten Buddhistischen Kirche war bei einer unserer

Versammlungen dabei, und er hörte aufmerksam zu, als wir jungen Mönche und Nonnen unsere innigsten Hoffnungen über die Zukunft des Buddhismus in Vietnam zum Ausdruck brachten. Das war revolutionär. Als ich darüber sprach, wie der Buddhismus in die Gesellschaft eingebracht werden könnte und welche Art der Praxis ich für notwendig hielt, damit dies möglich würde, weinten viele Menschen. Zum ersten Mal hatten wir eine Zukunftsvision.

Wir schlugen vor, daß der Lehrplan der buddhistischen Lehranstalt von An Quang nicht nur die grundlegenden Lehren des Buddhismus, sondern auch westliche Philosophie, Sprachen, Wissenschaft und andere Fächer beinhalten sollte, die zum Verständnis unserer Gesellschaft und der Welt in der Gegenwart beitragen konnten. Es war ein wunderbares, ein bewegendes Gefühl, plötzlich an einem Entwicklungsprozeß beteiligt zu sein, von dem ich schon so lange geträumt hatte.

Natürlich gab es auch Widerstand von seiten der konservativen buddhistischen Hierarchie, ebenso von Laien, die keine Veränderungen dulden mochten; aber mit der Unterstützung von jungen Mönchen, Nonnen und Laienbuddhisten wurden unsere Vorschläge schließlich angenommen. Wir gaben eine Zeitschrift heraus mit dem Titel *Die erste Lotusblume der Jahreszeit* - dabei dachten wir an die jungen Mönche und Nonnen, die die neuen Lotusblumen unserer Zeit waren. In dieser Zeitschrift äußerten wir uns auf natürliche und zeitgemäße Weise.

Ich unterstützte die jungen Mönche und Nonnen - wußte ich doch um die Schwierigkeiten und Leiderfahrungen, mit denen sie konfrontiert waren. Viele dieser Mönche und Nonnen von damals unterrichten jetzt in Vietnam und im Westen.

Sie aber war nicht da. Sie lebte in Huê. Ich schrieb ihr viele Briefe, um sie von den Ereignissen zu unterrichten, um sie zu stützen, um ihr meine Liebe zu zeigen - aber ich erhielt nie eine Antwort.

1956 flog ich nach Huê. Zu dieser Zeit war ich im Land bereits sehr bekannt als buddhistischer Lehrer und Schriftsteller, der sich der jungen Generation annahm. Zuerst besuchte ich meinen Lehrer, den ich lange nicht gesehen hatte. Ich verbrachte mit ihm zwei wundervolle Wochen in meinem Heimatkloster. Danach besuchte ich meine Familie, und in der Folgezeit hielt ich mich für mehrere Wochen an dem buddhistischen Institut auf, an dem ich anfänglich studiert und praktiziert hatte. Überall fühlte ich mich sehr willkommen.

Ich hatte ihr schriftlich mein Kommen angekündigt und angenommen, sie würde um die Erlaubnis bitten, eine Dharma-Schwester zu unserem Tempel zu begleiten, um mich zu besuchen. Das wäre ganz natürlich gewesen. Für mich hingegen wäre es nicht statthaft gewesen, einfach zu ihrem Institut zu gehen und zu fragen, ob ich sie sehen könnte. Aber sie kam mich nicht besuchen, und ich konnte es mir nicht erklären. Erst später erfuhr ich, daß sie keinen meiner Briefe erhalten hatte und überhaupt nicht gewußt hatte, daß ich in Huê gewesen war.

Meine Liebe zu ihr wurde nicht geringer, aber sie war nicht mehr nur auf einen Menschen begrenzt. Ich unterstützte zu jener Zeit Hunderte von Mönchen und Nonnen; und seither sind wir Tausende geworden; doch diese Liebe ist noch immer da, stärker und größer sogar. 1956 gab es fast keine Mönche und Nonnen in Vietnam, die Sozialarbeit leisteten. Heutzutage arbeiten viele von ihnen in Krankenhäusern, Schulen und

Kindergärten, und sie praktizieren tagtäglich Mitgefühl und liebevolle Güte. Auch in Plum Village sind wir Teil dieser Praxis. Engagierter Buddhismus hat inzwischen einen großen Bekanntheitsgrad erlangt, auch im Westen. Damals aber war das alles ganz neu; und ich mußte mich auch dem Schreiben von Büchern widmen und gut praktizieren, um zu dieser Erneuerung des Buddhismus beizutragen.

Wenn ihr wissen wollt, wie es weiterging, dann schaut bitte tief in euch selbst hinein. Was danach geschah, das setzt sich heute fort. Wenn ihr gelassen seid, lächelt, achtsam ein- und ausatmet, dann weiß ich, daß ihr versteht. Seid ihr aber festgefahren in der Vorstellung von einem Selbst, einer Person, einem Lebewesen oder einer Lebensspanne, dann werdet ihr die wahre Natur meiner Liebe nicht verstehen können, die nämlich Verehrung, Vertrauen und Treue bedeutet. Der beste Weg, unsere Liebe zu unterstützen, ist, wahrhaftig wir selbst zu sein, zu wachsen und wirklichen Respekt für uns zu entwickeln. Bist du zufrieden, unterstützt du damit uns alle, auch sie, und auch mich. Auf eine Weise ist sie noch immer hier.

Bitte schaut in den Fluß eures eigenen Lebens. Seht die verschiedenen Zuflüsse, die in ihn hineingeströmt sind, die euch nähren und stützen. Wenn ihr den Lehren des *Diamant-Sutra* gemäß praktiziert und das Selbst hinter dem Selbst erkennt, die Person hinter der Person, das Lebewesen hinter dem Lebewesen, die Lebensspanne hinter der Lebensspanne – dann werdet ihr sehen, daß ihr ich seid und daß ihr auch sie seid. Schaut zurück auf eure eigene erste Liebe, dann werdet ihr erkennen, daß eure erste Liebe weder Anfang noch Ende hat. Sie verwandelt sich fortwährend.

Die Tore zur Befreiung

Die drei Tore zur Befreiung - Leerheit, Zeichenlosigkeit und Wunschlosigkeit - sind allen buddhistischen Schulen gemeinsam. Das erste Tor ist Leerheit, *shunyata*.

Leer bedeutet stets leer von etwas; also müssen wir fragen: »Leer von was?« Trinke ich alles Wasser, das sich in einem Glas befindet, dann ist das Glas leer von Wasser, nicht aber leer von Luft. Leerheit *bedeutet nicht* nichtexistent. Wenn Avalokiteshvara uns sagt, die fünf *skandhas* seien leer, dann müssen wir fragen: »Leer von was?« Er wird uns antworten: »Sie sind leer von einer getrennten, eigenständigen Existenz.« Das bedeutet, »A« besteht vollkommen aus »Nicht-A«-Elementen. Dieses Stück Papier ist leer von einer eigenständigen Existenz, weil es nicht aus sich allein heraus existieren kann; es ist in gegenseitiger Abhängigkeit verwoben mit allem anderen, es muß mit allem anderen *intersein*. Unser Stück Papier besteht aus Nicht-Papier-Elementen wie Bäumen, Sonnenschein, Mineralien, Zeit, Raum und Bewußtsein. Es ist leer von einem getrennten Selbst, aber es ist erfüllt von allem anderen. Demnach bedeutet Leerheit auch gleichzeitig Fülle.

Wir können die Lehren von der Verwobenheit und wechselseitigen Bedingtheit aller Phänomene, von ihrem Intersein, unmittelbar berühren. Leerheit ist ein Tor zur Befreiung, eine Praxis, nicht nur ein Gegenstand der Erörterung. Schaut tief in die Dinge hinein, und ihr werdet die wahre Natur der Leerheit finden. Wenn euch das gelingt, dann werdet ihr jede Unterscheidung aufgeben und die Angst vor Geburt und Tod transzendieren.

Das zweite Tor zur Befreiung ist Zeichenlosigkeit, *alakshana*. Können wir den Buddha an Zeichen oder Merkmalen erkennen? Nein, denn wenn wir uns in Zeichen verfangen, an äußeren Erscheinungen haften, verlieren wir den Buddha. Im *Diamant-Sutra* erfahren wir: »Wo es etwas gibt, das durch Zeichen unterscheidbar ist, da gibt es Täuschung.« Täuschung wird aus Zeichen geboren; unsere Praxis besteht darin, über Zeichen hinauszugehen. Wenn wir uns in einer Vorstellung oder einem Zeichen verfangen haben, dann schließt sich das Tor zur Befreiung. Öffnen müssen wir es mit dem Schlüssel der Zeichenlosigkeit. Versucht nicht, die Wirklichkeit anhand von Zeichen oder Merkmalen zu erfassen. Schenkt euren Wahrnehmungen nicht allzuviel Glauben.

Im *Diamant-Sutra* fragt der Buddha: »Was denkst du, Subhuti, ist es möglich, den Tathagata anhand körperlicher Kennzeichen zu erfassen?« Und Subhuti antwortet: »Nein, Weltverehrter. Spricht der Tathagata von körperlichen Kennzeichen, so gibt es doch keine Kennzeichen, über die zu sprechen wäre.« Subhuti bedient sich hier der Sprache der Prajnaparamita. Deshalb sagt er: »Spricht der Tathagata von körperlichen Kennzeichen, so gibt es doch keine Kennzeichen, über die zu sprechen wäre.« Wenn du die zeichenlose Natur der Zeichen sehen kannst, dann kannst du den Tathagata sehen. Wie können wir den Tathagata finden? Der Buddha sagt uns, daß wir ihn nicht durch unsere Vorstellungen ergreifen können. Bisher haben wir meist von »Zeichen« oder »Kennzeichen« gesprochen, wir könnten aber auch sagen »Merkmal«, »äußeres Erscheinungsbild«,

»Phänomen« oder »Kennzeichnung« *(lakshana oder nimitta).* Zeichen oder Merkmale dürfen wir nicht mit der Wirklichkeit selbst verwechseln.

Aufgrund unserer Unwissenheit und unserer Gewohnheits-Energie nehmen wir Dinge meist falsch wahr. Wir sind Gefangene unserer geistigen Konstrukte, insbesondere unserer Vorstellungen über Selbst, Person, Lebewesen und Lebensspanne. Wir unterscheiden zwischen Selbst und Nicht-Selbst, als hätte Selbst gar nichts zu tun mit Nicht-Selbst. Wir kümmern uns um das Wohlergehen des Selbst, aber wir machen uns wenig Gedanken über das Wohlergehen von allem, was Nicht-Selbst ist. Betrachten wir die Dinge in dieser Weise, dann basiert unser Verhalten auf falschen Wahrnehmungen. Unser Geist ist wie ein Schwert, das die Wirklichkeit in Stücke schneidet; und wir verhalten uns nun so, als existierte jedes Stück der Wirklichkeit unabhängig von den anderen Teilen. Wenn wir das eingehend betrachten, dann werden wir die Grenzen zwischen den durch unser Denken geschaffenen Kategorien beseitigen; dann erkennen wir das eine in den vielen und die vielen in dem einen; denn das ist die wahre Natur des Miteinander-Verbundenseins aller Dinge. Das ist der Weg der Freiheit von jeglichen Vorstellungen. Aus diesem Grunde benutzt der Buddha im *Diamant-Sutra* auch die Sprache der Freiheit, wenn er seinem Schüler Subhuti antwortet. Wir finden im *Diamant-Sutra* viele Sätze wie diesen: »Ein Bodhisattva ist kein Bodhisattva, und deshalb ist er wirklich ein Bodhisattva.« Diese Art, Dinge zu beschreiben, nennt man die Dialektik der Prajnaparamita. Der Buddha gibt sie uns, damit wir uns von unseren Vorstellungen befreien.

Wir wollen versuchen, die Dialektik der Prajnaparamita zu verstehen: Eine Tasse ist keine Tasse – deshalb ist sie wirklich eine Tasse. Ein Selbst ist kein Selbst, und deshalb kann es wahrhaftig ein Selbst sein. Wenn wir uns »A« anschauen, den Gegenstand also, den wir gerade betrachten – eine Tasse, ein Selbst, einen Berg, eine Regierung –, dann sehen wir die »Nicht-A«-Elemente darin. Tatsächlich besteht »A« nur aus »Nicht-A«-Elementen, und deshalb können wir sagen, daß »A« »Nicht-A« ist oder daß »A« nicht »A« ist. Vater besteht aus Nicht-Vater-Elementen, einschließlich Kindern. Wenn da keine Kinder sind, wie kann da ein Vater sein? Wenn wir Vater ganz eingehend betrachten, dann sehen wir Kinder; und aus diesem Grund ist Vater nicht Vater. Dasselbe gilt für Kinder, Ehefrau, Ehemann, Bürgerin und Bürger, Präsident, für jede, jeden, für alles.

In der herkömmlichen Logik gilt: »A« ist »A« und kann niemals »B« sein. Um uns von unseren Konzepten zu befreien, müssen wir dieses Prinzip transzendieren. Das erste Prinzip in der Dialektik der Prajnaparamita lautet: »A« ist »Nicht-A«. Wenn wir das sehen, dann wissen wir, daß das Wohl von »A« vom Wohle der »Nicht-A«-Elemente abhängt. Das Wohlergehen des Menschen hängt vom Wohlergehen der Nicht-Mensch-Elemente in der Natur ab. Wenn du eine korrekte Wahrnehmung vom Menschen hast und weißt, daß der Mensch aus Nicht-Mensch-Elementen besteht, dann ist es kein Problem, den Menschen bei seinen wahren Namen zu nennen – Baum, Luft, Frau, Fisch oder Mann. Auch den Buddha sollten wir so betrachten. Buddha besteht aus Nicht-Buddha-Elementen. Erleuchtung besteht aus Nicht-Erleuchtung-Elementen. Dharma besteht aus Nicht-Dharma-Elementen. Bodhisattvas bestehen aus Nicht-Bodhisattva-Elementen. Aussagen dieser Art finden wir im *Prajnaparamita-Diamant-Sutra. Sie* zeigen, auf welche Weise wir durch das zweite Tor zur Befreiung, das Tor der Zeichenlosigkeit, schreiten können.

Wenn wir über die drei Tore zur Befreiung zwar theoretisches Wissen haben, sie aber nicht praktizieren, dann sind sie ohne Nutzen für uns. Um das Tor der Zeichenlosigkeit zu öffnen und in den Bereich der Soheit, der Wirklichkeit, zu gelangen, müssen wir in unserem Alltag Achtsamkeit praktizieren. Betrachten wir die Dinge eingehend, so erkennen wir, daß sie alle zutiefst miteinander verbunden und verwoben sind.

Wir erkennen, daß der Präsident unseres Landes aus Nicht-Präsident-Elementen besteht, und dazu gehören Wirtschaft, Politik, Haß, Gewalt, Liebe und so weiter. Wenn wir diese Person, die der Präsident ist, genau anschauen, dann sehen wir auch die Wirklichkeit unseres Landes, die Wirklichkeit unserer Welt. Alles, was sich auf unsere Zivilisation bezieht, kann in dieser Person gefunden werden - unsere Fähigkeit zu lieben, zu hassen, einfach alles. Ein Phänomen birgt jedes andere Phänomen in sich.

Wir verdienen unsere Regierung und unseren Präsidenten, denn sie spiegeln die Wirklichkeit unseres Landes wider - die Art und Weise, wie wir denken und fühlen, die Art, wie wir unseren Alltag gestalten. Wenn wir wissen, daß »A« nicht »A« ist, wenn wir erkennen, daß unser Präsident nicht unser Präsident ist, sondern daß er wir ist, dann werden wir ihm auch nicht länger Vorwürfe machen oder ihm Schuld zuweisen. Wissen wir, daß er nur aus Nicht-Präsident-Elementen besteht, dann wissen wir auch, wie wir unsere Energien nutzen müssen, um eine bessere Regierung und einen besseren Präsidenten zu bekommen. Wir müssen uns um die Nicht-Präsident-Elemente und die Nicht-Regierung-Elemente in uns und in unserer Umgebung kümmern. Und wir müssen dies praktizieren, nicht einfach nur darüber debattieren.

«Wo es etwas gibt, das durch Zeichen unterscheidbar ist, da gibt es Täuschung.« Auf einmal wird uns dieser Satz aus dem *Diamant-Sutra* klar. Solange wir nicht ganz tief in die Wirklichkeit hineinschauen und ihre wahre Natur - das Miteinander-Verbundensein aller Dinge, das Intersein - erkennen, lassen wir uns von Zeichen und Vorstellungen täuschen. Nur wenn wir die zeichenlose Natur der Zeichen sehen, nur dann sehen wir den Buddha. Erkennen wir die wahre Natur von »A« - nämlich »Nicht-A«-, so berühren wir die Wirklichkeit von »A«. In Zen-Kreisen sagt man: »Bevor ich zu praktizieren begann, waren Berge Berge, und Flüsse waren Flüsse. Nachdem ich begonnen hatte zu praktizieren, waren Berge nicht mehr Berge, und Flüsse waren keine Flüsse mehr. Jetzt, da ich schon eine Weile praktiziert habe, sind Berge wieder Berge, und Flüsse sind wieder Flüsse.« Das ist unschwer zu verstehen.

Vorstellungen, selbst solche über den Buddha und das Dharma, sind gefährlich. Ein Zen-Lehrer war regelrecht »allergisch« gegen das Wort »Buddha«, wußte er doch, daß viele Menschen Buddha falsch verstanden. So sagte er eines Tages bei einem Dharma-Vortrag: »Ich hasse das Wort ›Buddha‹. Jedesmal, wenn ich es sagen muß, gehe ich zum Fluß und spüle mir den Mund dreimal aus.« Die Zuhörerschaft war vollkommen still, bis schließlich ein Mann aufstand und sagte: »Lehrer, mir geht es genauso. Jedesmal, wenn ich Euch das Wort ›Buddha‹ aussprechen höre, muß ich zum Fluß gehen und mir die Ohren dreimal ausspülen.« Das bedeutet, wir müssen all unsere Begriffe, Konzepte und Vorstellungen transzendieren und durch das Tor der Zeichenlosigkeit schreiten. »Töte den Buddha« war eine sehr drastische Art auszudrücken, daß wir das Konzept »Buddha« töten müssen, um dem Buddha eine Chance zu geben.

Diese Lehren des *Diamant-Sutra* sind eng mit denen aus dem *Sutra über die Kenntnis vom besseren Weg, eine Schlange zu fangen* verbunden. Wir müssen aufpassen und sorgsam darauf achten, daß wir uns nicht festhaken an Konzepten, auch nicht an den Lehren des Buddha. »Darum dürfen wir uns nicht den Dharmas verhaften, noch der Vorstellung, daß Dharmas nicht existierten«, so heißt es im *Diamant-Sutra*. Denkst du, die Vorstellung von Dharma sei gefährlich, dann neigst du vielleicht zur Vorstellung von Nicht-Dharma. Die Vorstellung von Nicht-Dharma ist aber noch gefährlicher. Das meint der Buddha, wenn er sagt: »Bhikkhus, alle Lehren, die ich euch gebe, sind ein Floß. Alle Lehren müssen aufgegeben werden, ganz zu schweigen von den Nicht-Lehren.« Ihr müßt nicht nur die Lehren töten, sondern auch die Nicht-Lehren, damit ihr die wahren Lehren erhaltet. Auch das Dharma muß aufgegeben werden, und erst recht das Nicht-Dharma.

Die beste Art zu praktizieren ist – entsprechend dem Geist der Nicht-Praxis –, nicht an den Formen zu haften. Nehmen wir einmal an, du praktizierst sehr gut Sitzmeditation. Die Leute schauen dich an und stellen fest, daß du sehr fleißig meditierst. Du sitzt perfekt, und in dir beginnt sich ein Gefühl von Stolz zu regen. Während andere lange schlafen oder nicht pünktlich in die Meditationshalle kommen, sitzt du wunderbar da. Aufgrund dieses Gefühls, das du nun hast, ist aber das Glücksgefühl, das aus deiner Praxis resultiert, sehr begrenzt. Wenn du dir jedoch klar machst, daß du für alle mit meditierst, selbst wenn die gesamte Gemeinschaft schläft und du die einzige Person bist, die sitzt, dann wird dein Sitzen zum Wohle aller sein, und dein Glücksgefühl wird durch nichts begrenzt. Wir sollten auf diese Weise praktizieren – ohne Form, im Geiste der Nicht-Praxis.

Der Buddha lehrte die sechs *Paramita* oder Vollkommenheiten. Die erste ist Großzügigkeit oder Freigebigkeit, *dana. Danaparamita* sollte stets ohne Form praktiziert werden. »Wenn ein oder eine Bodhisattva Freigebigkeit praktiziert, ohne sich auf Zeichen zu stützen, so ist das Glück, das daraus entspringt, weder vorstellbar noch ermeßbar.« Erklärst du dich freiwillig bereit, die Küche zu säubern oder die Töpfe zu schrubben, dann wirst du, wenn du als Bodhisattva praktizierst, große Freude, ein tiefes Gefühl von Glück dabei erleben. Wenn du aber das Gefühl hast: »Ich tue so viel, und die anderen leisten gar nicht ihren angemessenen Beitrag«, dann leidest du, weil deine Praxis auf Form basiert sowie der Unterscheidung zwischen Selbst und Nicht-Selbst. Schlägst du mit einem Hammer einen Nagel in ein Stück Holz und triffst dabei versehentlich deine Finger, wird deine rechte Hand natürlicherweise den Hammer niederlegen und sich um deine linke Hand kümmern. Sie trifft keine Unterscheidung wie etwa: »Ich, die rechte Hand, helfe jetzt dir, der linken Hand.« Der linken Hand helfen heißt der rechten Hand helfen. Das bedeutet, ohne Form zu praktizieren; und die Glückseligkeit, die daraus erwächst, ist grenzenlos. Auf diese Weise praktiziert ein oder eine Bodhisattva Großzügigkeit und zum Wohle aller. Wenn wir aber voller Ärger und mit dem Geist der Unterscheidung abwaschen, dann ist unser Glück geringer als der Inhalt eines Fingerhuts.

Die zweite Vollkommenheit, in der sich die Bodhisattvas üben, sind die Gelübde oder Regeln, *silaparamita*. Auch diese sollten wir mit jenem Geist, also ohne Form, praktizieren. »*Ich* praktiziere die Gelübde, nicht du; und *ich* arbeite sehr hart daran.« Es gibt zum Beispiel Menschen, die vegetarisch leben, ohne an einer Form zu haften. Ihnen kommt nicht einmal in den Sinn, daß sie Vegetarier sind und andere nicht. Sie finden es einfach natürlich und haben Freude daran, vegetarisch zu leben. Die Gelübde werden so zu einem Schutz, und sie werden nicht mehr als Beschränkung der Freiheit empfunden.

Dasselbe gilt für die anderen Paramitas - Geduld *(ksantiparamita)*, Energie *(viryaparamita)* und Meditation *(dhyanaparamita)*. Die oder der Bodhisattva praktiziert, ohne sich auf Formen zu stützen. Deshalb ist ihre oder seine Praxis eine Praxis der Nicht-Praxis. Du praktizierst, aber es sieht gar nicht so aus, als tätest du es. Das ist die tiefste Form der Praxis.

Die sechste Vollkommenheit, in der sich die Bodhisattvas üben, ist Verstehen *(prajnaparamita)*. Sie ist die grundlegende Paramita und wird manchmal als Behältnis für alle anderen Paramitas bezeichnet. Du brauchst einen guten, dichten Behälter, wenn du Wasser transportieren willst, sonst läuft das Wasser aus.

Übst du nicht so, daß du vollkommenes Verstehen erlangst, bist du wie ein ungebrannter Tonkrug. Das Wasser läuft heraus, ist vergeudet. Prajnaparamita wird auch als die Mutter aller Buddhas und Bodhisattvas bezeichnet. Diejenigen, die Vipassana praktizieren, d. h. tief in die Dinge hineinschauen, sind ihre Kinder. Dies sind ganz wichtige, hilfreiche Vorstellungsbilder aus den *Prajnaparamita-Sutren*.

Das dritte Tor zur Befreiung ist Wunschlosigkeit oder Ziellosigkeit, *apranihita*. Das bedeutet, es gibt einfach nichts, dem man hinterherrennen müßte, nichts, das es zu erreichen, zu verwirklichen gilt, nichts, das man ergreifen müßte. Diese Aussage findet sich in vielen Sutren, nicht nur in den Mahayana-Schriften, sondern auch in frühen Sutren wie dem *Sutra über die Kenntnis vom besseren Weg, eine Schlange zu fangen*.

Wir alle neigen dazu, in unserem Körper und unserem Geist zu kämpfen. Wir glauben, Glück liege immer nur in der Zukunft.

Die Feststellung, daß wir bereits angelangt sind, daß wir nicht mehr weiterreisen müssen, daß wir schon hier sind, kann uns Frieden und Freude schenken. Die Bedingungen für unser Glück sind bereits vollkommen vorhanden. Wir müssen uns lediglich gestatten, im gegenwärtigen Moment zu sein, dann berühren wir Frieden und Glück.

Worauf warten wir, um glücklich zu sein? Alles ist bereits da. Wir müssen uns kein Objekt schaffen, dem wir dann hinterherrennen in dem Glauben, solange wir es nicht bekommen, könnten wir nicht glücklich sein. Dieses Objekt liegt stets in der Zukunft, und wir können es niemals wirklich erhaschen. Dabei sind wir bereits im Reinen Land, im Königreich Gottes. Wir sind schon eine oder ein Buddha. Wir müssen nur aufwachen und erkennen, daß wir bereits angelangt sind.

Es ist möglich, im gegenwärtigen Moment glücklich zu sein - dies ist eine der grundlegenden Lehren des Buddha. *Drishta dharma sukha vihari* lautet die Entsprechung in Sanskrit. Das Dharma handelt vom gegenwärtigen Augenblick; das Dharma ist keine Sache von Zeit.

Wenn du das Dharma praktizierst, wenn du mit dem Dharma und ihm gemäß lebst, dann sind Glück und Frieden sofort mit dir. Die Heilung findet in dem Moment statt, in dem wir das Dharma umarmen.

In den Lehren des Mahayana-Buddhismus werden zwei Dimensionen der Wirklichkeit unterschieden - die historische und die letztendliche. In der historischen Dimension scheint es so, als gäbe es etwas, das zu verwirklichen wäre. In der letztendlichen Dimension bist du bereits das, was du zu werden trachtest. Wir werden die Lehre von der Ziellosigkeit tiefer verstehen lernen, wenn wir uns mit den Lehren des *Lotus-Sutra* beschäftigen.

Die Sangha – Gemeinschaft der Praktizierenden

Nachdem ich vom Tempel des Vollkommenen Erwachens im Hochland wieder zu meiner Gemeinschaft in Saigon zurückgekehrt war, kam es bisweilen vor, daß ich sanft ihren Namen ausrief, um mir in meinem Gefühl der Einsamkeit etwas Linderung zu verschaffen. Meine Dharma-Brüder sagten nichts. Sie waren einfach da und unterstützten mich auf ihre stille Weise.

Wenn du eine Gemeinschaft, eine Sangha hast, die dich unterstützt, dann ist es leicht, dein Bodhicitta, deinen Erleuchtungsgeist, zu nähren. Hast du überhaupt niemanden, der dich darin ermutigt, das Dharma auf lebendige Weise zu leben, kann es passieren, daß dein Antrieb zu praktizieren erlahmt. Deine Sangha - die Familie, deine Freundinnen und Freunde und andere Mitpraktizierende -, das ist der Boden, und du bist der Samen. Ganz gleich, wie vital der Samen ist - wenn der Boden nicht genug Nahrung bereithält, wird der Samen zugrunde gehen. Eine gute Sangha ist für die Praxis unverzichtbar. Bitte, suche dir eine gute Sangha oder baue eine mit auf.

Buddha, Dharma und Sangha werden im Buddhismus als die drei kostbaren Juwelen bezeichnet. Das wichtigste Juwel ist die Sangha, sie schließt den Buddha und das Dharma mit ein. Eine gute Lehrerin, ein guter Lehrer ist sicherlich notwendig, aber Schwestern und Brüder in der Praxis sind der wichtigste Bestandteil für den Erfolg.

Erleuchtung kannst du nicht erreichen, wenn du dich in deinem Zimmer einschließt. Transformation geschieht nur, wenn du in Berührung bleibst mit der Wirklichkeit. Wenn du den Boden berührst, dann fühlst du die Stabilität der Erde und bist voller Vertrauen. Wenn du die Beständigkeit des Sonnenscheins, der Luft, der Bäume beobachtest, dann kannst du davon ausgehen, daß die Sonne jeden Tag wieder aufgeht und daß die Luft und die Bäume da sein werden. Baust du ein Haus, so baust du es auf stabilem Grund. Auch in deiner Praxis solltest du dir Freundinnen und Freunde suchen, die beständig sind, auf die du dich verlassen kannst.

Zuflucht zur Sangha zu nehmen bedeutet, daß du Vertrauen faßt zu einer Gemeinschaft von Menschen, die zuverlässig sind und sich gemeinsam in Achtsamkeit üben. Dann brauchst du gar nicht so intensiv zu praktizieren - es genügt, in einer Gemeinschaft zu sein, in der die Menschen sich wohl fühlen und jeden Augenblick in ihrem Leben tief auskosten. Zu erleben, wie jede Person auf ihre Weise sitzt, geht, ißt, arbeitet und lächelt, ist eine Quelle der Inspiration; Transformation und Heilung geschehen so ohne besondere Mühe.

Ein Mensch, der Probleme hat, kann diese schon dadurch transformieren, daß er sich in einer guten Sangha aufgehoben fühlt. Ich hoffe, daß auch die Übungsgemeinschaften im Westen sich als Familienverbände verstehen lernen. In asiatischen Sanghas betrachten wir einander als Dharma-Bruder, Dharma-Schwester, Dharma-Tante und Dharma-Onkel, und wir können unsere Lehrerin oder unseren Lehrer Dharma-Mutter oder Dharma-Vater nennen. Eine Gemeinschaft von Übenden braucht diese Art von geschwisterlicher Verbundenheit; sie nährt ihre Praxis.

Vor 2500 Jahren kündigte der Buddha Shakyamuni an, daß der künftige Buddha Maitreya heißen werde, »Buddha der Liebe«. Ich kann mir vorstellen, daß der Buddha Maitreya eine Gemeinschaft sein wird, nicht nur *ein* Individuum. Wir brauchen eine gute Gemeinschaft, um den unheilsamen Strömungen der heutigen Zeit standzuhalten.

Ein achtsames Leben schützt uns und hilft uns, den Weg zum Frieden zu beschreiten. Wenn Freundinnen und Freunde einander in ihrer Übung beistehen, dann hat der Frieden eine Chance.

Ohne die Unterstützung einer Sangha wäre es für mich weitaus schwieriger gewesen, weiterzumachen. Sie lebte ohne eine solche Gemeinschaft, und deshalb war es für sie sehr schwierig. Sie hatte die Briefe erhalten, die ich nach Hanoi geschickt hatte, nicht aber die, die ich nach Huê gesandt hatte. Es war mir nicht möglich, sie über die Entwicklungen auf dem laufenden zu halten, darüber, daß jetzt Hunderte von jungen Mönchen und Nonnen neue Möglichkeiten hatten, zu praktizieren und zu helfen - und so fühlte sie sich zunehmend isoliert. In jener Zeit wurde meine Liebe zu ihr umfassender. Ich fing an, sie überall zu sehen. Jeder junge Mönch, jede junge Nonne wurde Teil unserer Liebe, und ich spürte, daß auch sie Teil dieser Umwandlung war. Mir war allerdings nicht klar, wie isoliert sie inzwischen geworden war, da sie meine Briefe nie erhalten hatte.

Liebe hat sehr viel mit Bodhicitta zu tun. In meinem Fall hatte Liebe mit dem starken Wunsch zu tun, Mönch zu werden, für eine ganze Generation, eine ganze Gesellschaft zu praktizieren. Am Anfang gab es noch Anhaftung und einen inneren Konflikt, aber innerhalb von 24 Stunden begann sich dieser Konflikt aufzulösen, zu transformieren. Am zweiten Tag, den wir gemeinsam verbrachten, sprachen wir bereits nur noch darüber, daß wir mit unserer Praxis als Mönch und als Nonne fortfahren wollten. Bodhicitta war unsere Stärkung, unser Schutz. Dadurch konnte sogar mein Bedürfnis, an ihre Tür zu klopfen und sie zu einem Gespräch in der Meditationshalle zu bitten, überwunden werden. Wir mußten uns gar nicht anstrengen, die Gelübde zu praktizieren. Wir praktizierten sie einfach. Dank unseres Bodhicittas befolgten wir sie ganz natürlich. Bodhicitta beschützte uns.

Wenn du getragen bist von Bodhicitta, dem starken Wunsch, dein Leben der Praxis des Dharma zu widmen, dann brauchst du nichts weiter - du praktizierst für das Wohl vieler Wesen. Bodhicitta ist eine Quelle der Kraft in dir. Das Beste, was du für andere tun kannst, ist, ihnen zu helfen, ihren eigenen Erleuchtungsgeist, ihr eigenes Bodhicitta, zu berühren. Der Samen des Bodhicitta ist in uns allen vorhanden; es geht darum, diesen Samen zu wässern und zum Leben zu erwecken. Eine der wichtigsten Bedingungen, das Bodhicitta zu nähren und schützen, ist eine gute Sangha. Wenn du eine Sangha hast, in der Freude herrscht, die motiviert ist von dem Bedürfnis, zu praktizieren und zu helfen, dann wirst du zur Bodhisattva, zum Bodhisattva heranreifen.

Den Mönchen, Nonnen und den nicht ordinierten Praktizierenden in Plum Village sage ich stets, daß sie, um ihre Praxis erfolgreich zu gestalten, nach Wegen suchen müssen, harmonisch miteinander zu leben, auch mit den Menschen, die schwierig sind. Wenn sie in der Sangha keinen Erfolg haben, wie wollen sie dann außerhalb der Sangha klarkommen? Mönch oder Nonne zu werden ist nicht nur eine Angelegenheit zwischen lehrender und lernender Person. Es betrifft alle. Ein »Ja« zu erhalten von allen Mitgliedern der Sangha ist ein wahrhaftiges Dharma-Siegel.

Im Jahr 1976 wollte das kommunistische Regime in Vietnam eine staatlich unterstützte buddhistische Organisation aufbauen, um die Vereinigte Buddhistische Kirche zu verdrängen. Regierungskreise verbreiteten zudem das Gerücht, ich sei in Paris an einem Herzinfarkt gestorben. Die jungen Mönche und Nonnen in Vietnam hatten großes Vertrauen zu mir. Sie wußten, ich tat mein Bestes, ihnen zu helfen und sie zu unterstützen. Von Paris aus standen wir durch unser Büro der Friedensdelegation der Vereinigten Buddhistischen Kirche mit Amnesty International und anderen humanitären Organisationen in Verbindung. Wann immer wir von Menschenrechtsverletzungen durch die Regierung erfuhren – zum Beispiel Verhaftungen von Mönchen und Nonnen –, benachrichtigten wir die Presse und andere Stellen, damit diese intervenieren konnten. Das ist einer der Gründe, weshalb die Regierung die Vereinigte Buddhistische Kirche beseitigen und ihre eigene buddhistische Organisation aufbauen wollte. Sie hatten bereits Thich Quang Do und Thich Huyen Quang, die beiden Führer der Vereinigten Buddhistischen Kirche, inhaftiert. (Beide befinden sich noch heute, 1995, im Gefängnis.) Ziel der Regierung war es, die Menschen zu verwirren und die Unterstützung zu untergraben, die sie von uns aus Paris erhielten. Als nun das Gerücht, ich sei in Paris einem Herzinfarkt erlegen, die Nonnen der Tu-Nghiem-Pagode erreichte, fiel eine junge Nonne in Ohnmacht.

Warum fällst du in Ohnmacht, Schwester? Viele Menschen wurden schon bei ihrem Kampf für Frieden und soziale Gerechtigkeit getötet, aber niemand kann sie wirklich zerstören. Was existiert, kann nicht aufhören zu existieren, und was nicht existiert, kann auch nicht ins Dasein gelangen. Jesus, Gandhi und Martin Luther King sind noch immer hier, sie sind in uns, in jeder Zelle unseres Körpers. Wenn du noch einmal die Nachricht von meinem Tode erhältst, dann lächle bitte. Dein Lächeln wird Zeugnis ablegen von deinem tiefen Verständnis und deinem Mut. Es gibt keinen Grund zu trauern, nicht nur deshalb, weil die Nachricht nicht zutrifft, sondern auch, weil all die jungen Mönche und Nonnen, die getragen sind von ihrem Bodhicitta, ihre Praxis auch ohne mich weiterführen können.

Wo ist das Selbst? Wo ist das Nicht-Selbst? Wer ist deine erste Liebe? Wer ist die letzte? Was ist der Unterschied zwischen unserer ersten und unserer letzten Liebe? Wie kann irgend etwas sterben? Was verband diese Nonne in der Tu-Nghiem-Pagode mit meiner Geliebten, die noch immer in dem Nonnenkloster in Huê lebte? »Wo immer es Form gibt, da gibt es Täuschung.« Wenn du meine Liebe berühren willst, dann berühre dich bitte selbst.

Ob Wasser über die Ufer steigt oder verdunstet, hängt von der Jahreszeit ab. Ob es rund oder viereckig erscheint, hängt vom Behälter ab. Im Frühling fließend, im Winter fest, seine Unermeßlichkeit kann nicht ermessen, seine Quelle nicht gefunden werden. In einem Smaragdfluß beherbergt das Wasser einen Drachenkönig. In einem kalten Teich enthält es den strahlenden Vollmond. Auf den Weidenzweig des Bodhisattvas sprüht es den Nektar des Mitgefühls. Ein Tropfen Wasser reicht aus, um die Welt in allen zehn Himmelsrichtungen zu transformieren. Kannst du Wasser durch die Form erfassen? Kannst du seine Spur bis zur Quelle zurückverfolgen? Weißt du, wo sie enden wird? Genauso ist es mit deiner ersten Liebe. Deine erste Liebe hat keinen Anfang und wird auch kein Ende finden. Sie ist noch immer lebendig im Strom deines Seins. Glaube nicht, daß sie nur in der Vergangenheit stattfand. Schau tief in die Natur deiner ersten Liebe – du wirst den Buddha darin erkennen.

Als ich herausfand, daß sie litt, lud ich sie ein, zu uns zu kommen, sich uns anzuschließen, aber auch diese Briefe erhielt sie nie. Sie fühlte sich verlassen, verlor ihre Energie, und schließlich verließ sie den Orden. Liebe ist ein Unfall, aber deshalb müssen wir die Liebe nicht verdammen oder meiden. Der Unfall mag uns einiges Leid bringen, aber wenn wir uns von Bodhicitta getragen fühlen, von der Absicht, vielen Menschen Glück zu bringen, dann haben wir einen Dharma-Beschützer und werden es überleben. Eine gute Sangha bietet dir noch mehr Schutz. Wenn dich der Pfeil trifft, kannst du dennoch, inmitten deiner Sangha, die dich unterstützt, mit deiner Praxis fortfahren, und deine Liebe wird transformiert. Ohne solch eine gute Sangha bist du verwundbar. Bitte kümmere dich um eine gute Sangha. Sie ist ein Floß, das dir hilft, inmitten der Turbulenzen zu überleben. »Ich nehme Zuflucht zur Sangha« ist ein kraftvolles Versprechen. Mit einer guten Sangha berührst du den Buddha, berührst du das Dharma, und auch dich selbst berührst du tief. Dank meiner Sangha habe ich viele schwierige Momente überlebt und konnte eine Quelle der Kraft werden für viele Menschen, einschließlich für sie.

Die Welt des Avatamsaka

Das *Avatamsaka-Sutra* ist eine der schönsten buddhistischen Schriften. Avatamsaka heißt »Blumenmuster«, »Girlande« oder »Kranz« und bedeutet so viel wie »den Buddha mit Blumen schmücken«. Ist der Buddha nicht so schon schön genug? Warum müssen wir ihn mit Blumen schmücken? In diesem Sutra ist der Buddha nicht einfach eine Person. Er ist mehr als nur eine Person.

Der historische Buddha wurde vor 2600 Jahren in Kapilavastu geboren, heiratete, hatte ein Kind, verließ seine Familie, um zu praktizieren, wurde erleuchtet, wurde ein bekannter Lehrer, half vielen Menschen und starb schließlich im Alter von achtzig Jahren in Kushinagara.

Eines Tages lief einer seiner Schüler, Aniruddha, die Straße von Shravasti entlang, als ihn eine Gruppe von Asketen anhielt. Die Männer fragten ihn: »Wird der Buddha nach seinem Tode weiter existieren oder wird er aufhören zu existieren?« Zu Lebzeiten des Buddha bemühten sich viele Menschen, auf diese Weise den wirklichen Buddha zu verstehen. Aniruddha sagte ihnen, er wisse es nicht. Als er dann in den Jetahain zurückkehrte und dem Buddha berichtete, was geschehen war, fragte dieser ihn: »Es ist schwer, den Buddha zu erfassen. Wenn du den Buddha betrachtest in bezug auf Form, Gefühle und Wahrnehmungen, kannst du ihn dann durch diese Dinge identifizieren?« Aniruddha antwortete: »Nein, Herr.« Dann fragte der

Buddha: »Kannst du den Buddha jenseits von Form, Wahrnehmungen und Geistesregungen finden?« »Nein, Herr.« Der Buddha sagte: »Ich stehe hier vor dir, und du kannst mich nicht erfassen. Wie kannst du da erwarten, mich zu erfassen, wenn ich erst gestorben bin?« Der Buddha sprach von sich selbst als *Tathagata*, als dem, »der aus der Soheit (der Wirklichkeit, so wie sie ist) kommt und in die Soheit geht«, oder auch als »jemand, der von nirgendwoher kommt und nirgendwohin geht«, denn Soheit kann nicht begrenzt werden auf Kommen und Gehen.

Als der Mönch Vakkali im Hause eines Töpfers im Sterben lag, suchte der Buddha ihn auf. Vakkali wollte sich unbedingt aufrichten, um den Buddha zu begrüßen, aber dieser sagte: »Nein, Vakkali, bitte bleib liegen.« Dann erkundigte der Buddha sich nach seinem Befinden, danach, ob er starke Schmerzen habe. Vakkali sagte: »Ja, ich habe große Schmerzen.« Der Buddha fragte ihn, ob es irgend etwas gebe, das er bedauere, und Vakkali antwortete: »Ich bedauere nur, daß ich dich nicht öfter habe sehen können.« Darauf erwiderte der Buddha: »Vakkali, wenn du meine Lehre praktizierst, dann bist du stets bei mir. Dieser Körper ist nicht ich.« Es gibt viele solcher Geschichten in den Schriften. Der Buddha ist mehr als nur Form. Er ist die lebendige Lehre. Wenn du den Weg des Buddha beschreitest, dann wirst du transformiert, und du bist stets mit dem Buddha verbunden.

Bevor der Buddha starb, sprach er zu seinen Mönchen: »Meine Freunde, das ist nur mein physischer Körper. Mein Dharma-Körper wird bei euch sein, solange ihr fortfahrt zu praktizieren. Nehmt Zuflucht zur Insel des Selbst. Der Buddha ist dort.«

Seine Aussage war sehr klar. Wenn du den lebendigen Dharma-Körper *(Dharmakaya)* berührst, dann wirst du dich nicht darüber beklagen, daß du mehr als 2500 Jahre nach dem Buddha geboren wurdest und ihn deshalb nicht selbst erleben und bei ihm lernen kannst. Der Dharmakaya des Buddha ist stets gegenwärtig, ist immer lebendig. Wo immer du Mitgefühl und Verstehen findest, da ist auch der Buddha; und wir können ihn sehen und berühren. Der Buddha als das lebendige Dharma wird manchmal auch *Vairochana* genannt. Er besteht aus Licht, Blumen, Freude und Frieden; mit ihm können wir gehen oder sitzen, und wir können seine Hand ergreifen. Betreten wir das Reich von Avatamsaka, so begegnen wir dort dem Buddha Vairochana.

Im Reich von Avatamsaka gibt es viel Licht. Der Buddha und alle Bodhisattvas bestehen aus Licht. Laß dich von diesem Licht berühren, denn es ist die Erleuchtung des Buddha. Lichtstrahlen kommen aus den Poren aller erleuchteten Wesen dort und strahlen in alle Richtungen. Im Avatamsaka-Reich wirst du zu Licht, und auch du beginnst, Licht auszustrahlen. Laß dich vom Licht transformieren. Achtsamkeit ist Licht. Wenn du allein Gehmeditation praktizierst und dabei jeden Schritt voller Freude tust, dann sendest du das Licht der Achtsamkeit, der Freude und des Friedens aus. Immer, wenn ich dich so gehen sehe, trifft mich einer der Lichtstrahlen, die du aussendest, und augenblicklich kehre ich zum gegenwärtigen Moment zurück. Auch ich beginne, langsam und voll tiefer Aufmerksamkeit zu gehen, und ich genieße jeden Schritt. Auf gleiche Weise kannst du dich von den Lichtstrahlen berühren lassen, die es überall im Avatamsaka-Reich gibt. So wirst du zu einer oder einem Bodhisattva und strahlst selbst Licht aus.

Laß uns gemeinsam das Avatamsaka-Reich betreten und uns dort daran freuen. Später können wir die Tür dann auch für andere öffnen.

Wenn wir in das Reich von Avatamsaka gelangen, finden wir dort viel Raum. Unermeßlich groß ist das Reich und grenzenlos. Es gibt dort genug Platz für alle - drinnen wie draußen -, denn die Verdienste, die durch die Praxis gemehrt werden, sind ungeheuer groß. Den Wesen im Avatamsaka-Reich mangelt es nie an Raum oder Zeit. Deshalb haben sie so viel Freiheit. Die Buddhas und Bodhisattvas dort heißen uns willkommen und bieten uns unendlichen Raum. Wir fühlen uns sehr frei, sehr wohl und entspannt im Reich von Avatamsaka.

Das nächste, was uns ins Auge fällt, sind Blumen. Sie sind überall. Wohin wir auch schauen, nach oben, unten, vor uns, hinter uns, links, rechts - überall sehen wir Blumen. Tatsächlich werden die Augen, mit denen wir sehen, zu Blumen; und zu Blumen werden die Ohren, mit denen wir hören. Die Lippen, mit denen wir sprechen, verwandeln sich in Blumen; und zu Blumen werden die Hände, mit denen wir den Tee empfangen. So geschieht es im Reich von Avatamsaka. Dort gibt es riesige Lotusblumen - so groß, daß drei oder vier Menschen darauf sitzen können! Jede dieser Lotusblumen hat mehr als tausend Blütenblätter, und wenn wir uns ein Blütenblatt genau anschauen, so sehen wir, daß es selbst eine Lotusblume ist mit abermals tausend Blütenblättern. Jedes dieser Blütenblätter ist wiederum eine Lotusblume aus tausend Lotusblättern, und keine dieser Lotusblumen ist kleiner als die erste Lotusblume. Und so geht es weiter in alle Ewigkeit. Das mag vielleicht seltsam klingen, aber so geschieht es im Reich von Avatamsaka. Wir können nicht sagen, daß hier ein Ding größer sei als das andere. Diese

Vorstellung von größer und kleiner ist gar nicht vorhanden, und auch nicht die Vorstellung von eins und viele. Wenn wir uns den zweiten Lotus betrachten und die tausend Blütenblätter darin sehen, von denen jedes ebenfalls aus einem Lotus mit tausend Blütenblättern besteht, dann erkennen wir die vielen in dem einen und das eine in den vielen – das Wunder wechselseitig miteinander verbundenen, einander durchdringenden Seins, des Interseins.

Was sehen wir noch? Wir sehen den weiten, unendlich großen Ozean. Die Verdienste, die wir erwerben, die Freude, die wir genießen, und der Frieden, den wir erfahren, sind so unermeßlich groß, daß man sie gar nicht anders beschreiben kann. Das Wort »Ozean« wird sehr oft im Avatamsaka-Reich benutzt – Ozean des Verdienstes, Ozean der Glückseligkeit, Ozean der Einsicht, Ozean der Gelöbnisse. Wir geloben, vielen Menschen Glück zu bringen, und unsere Gelöbnisse sind so gewaltig, daß nur ein Ozean sie bergen kann. Wir erfahren so große und intensive Freude, einen solchen Frieden, daß nur der Ausdruck »Ozean« sie zu beschreiben vermag.

Das Avatamsaka-Reich ist auch angefüllt mit kostbaren Edelsteinen – mit Juwelen der Einsicht, des Verstehens und des Glücks. Alles, was wir berühren, verwandelt sich, um uns zu erfreuen, in Juwelen. Wir brauchen sie nicht einmal zu besitzen, weil uns jedes Juwel, das uns zur Freude gereicht, zur Verfügung steht. Jede Person, jedes Ding ist hier ein Juwel. Jede Minute ist ein kostbares Juwel, und in jedem Juwel findet sich eine Vielzahl weiterer Juwelen. Wir brauchen sie nicht anzuhäufen. Ein Juwel genügt, denn in dieser Welt enthält eins alle. Das Bild von Indras Juwelennetz wird im *Avatamsaka-Sutra* benutzt, um damit die unendlichen Möglichkeiten der wechselseitigen Verbundenheit und des Ineinander-Greifens aller Dinge anschaulich zu machen. Dieses Netz ist geknüpft aus einer unendlichen Vielzahl funkelnder Steine, jeder davon mit unzähligen Facetten. Jeder Edelstein spiegelt jeden anderen Stein im Netz wider, und sein Bild wird wiederum von jedem anderen Stein reflektiert. Jeder Edelstein enthält alle anderen Steine. Wir brauchen hier also gar nicht gierig zu sein. Ein einziger Edelstein kann uns vollkommen zufriedenstellen.

Es gibt viele bunte Wolken in der Avatamsaka-Welt. In den buddhistischen Sutren stehen Wolken für Regen, und Regen bedeutet Glückseligkeit. Ohne Regen kann nichts wachsen. Deshalb sprechen wir auch vom Dharma-Regen, dem Regen des farbenprächtigen Dharmas. Farbenfroher Regen und bunte Wolken beschützen uns, und sie bringen uns viel Freude und Glück. Eine der zehn Stufen, die ein Bodhisattva durchläuft, ist die »Dharma-Wolken-Stufe«; auf dieser Stufe machen die Bodhisattvas viele Menschen glücklich mit ihrem Dharma-Regen.

Im Avatamsaka-Reich finden wir auch wunderschöne Löwenthrone. Stell dir schöne, bequeme Sitzgelegenheiten vor, passend für einen Löwen, für ein so großartiges Geschöpf, das gemächlich einherschreitet, voller Majestät, Stärke und Vertrauen in die eigene Kraft. Wenn wir das Avatamsaka-Reich betreten und einen Löwen-Bodhisattva laufen sehen, dann ist das für uns sehr inspirierend. Wann immer wir uns setzen möchten, finden wir einen Löwenthron eigens für uns angefertigt. Wir brauchen uns dort nur hinzusetzen. Mehr gibt es nicht zu tun. Unsere Freude, unser Frieden und unsere Glückseligkeit im Avatamsaka-Reich sind grenzenlos.

Es gibt auch einen hübschen Sonnenschirm im Avatamsaka-Reich, der die Wärme und die Freude der Achtsamkeit, in der wir weilen, versinnbildlicht. Wenn wir Achtsamkeit wahren, ganz im Einklang mit uns selbst sind, dann leben wir in dieser Wärme und Freude. Beschützt durch die Achtsamkeit, erlangen wir tiefe Einsicht und wirklichen Frieden. Treten wir ins Avatamsaka-Reich ein, so begegnen wir all diesen wundervollen Dingen.

Nach unserer Ankunft wollen wir vielleicht dem Buddha unseren Respekt erweisen. Laß uns also gemeinsam das Kapitel 20 des *Avatamsaka-Sutra* aufschlagen und nach dem Buddha Shakyamuni schauen. Wenn wir nachfragen, wo er sich wohl aufhalten mag, erfahren wir, daß er sich in einem Palast des Suyama-Himmels aufhält, und wir fragen nach dem Weg. Nach nur ein oder zwei Schritten aber bedeutet uns jemand, daß der Buddha bereits hier sei. Wir müssen gar nicht zum Suyama-Himmel gehen. Und tatsächlich sehen wir den Buddha Shakyamuni gerade vor uns unter dem Bodhibaum sitzen. Wir haben vielleicht gedacht, das Dorf Uruvela sei eigentlich in Indien, auf dem Planet Erde; aber hier im Avatamsaka-Reich sehen wir auch den Buddha, wie er mit den Kindern des Dorfes Uruvela unter dem Bodhibaum sitzt.

Dann kommt jemand aus dem Suyama-Himmel und erzählt uns, daß der Buddha sich dort im Palast aufhalte. Das ist verwirrend. Wie kann eine Person gleichzeitig an zwei Orten sein? Wie kann er denn unter dem Bodhibaum und gleichzeitig im Palast von Suyama sein? So etwas aber geschieht im Avatamsaka-Reich. Weil dort so viel Licht ist, so viel Glückseligkeit, weil es so viele Juwelen dort gibt, ist es dem Buddha Shakyamuni möglich, überall zur gleichen Zeit zu sein.

Aber nicht nur Shakyamuni kann dieses Wunder vollbringen. Alle Wesen im Avatamsaka-Reich sind dazu in der Lage. Auch wir können überall zugleich sein. Von jedem Punkt des

Kosmos aus können Menschen uns berühren, ganz gleich, wo wir sind, ganz gleich, wo sie sind. Weder Zeit noch Raum begrenzen uns. Wir gelangen überall hin; wir sind überall. Wann immer jemand etwas voll tiefer Achtsamkeit berührt, es genau und eingehend betrachtet, berührt sie oder er uns. Es klingt vielleicht merkwürdig, aber im Avatamsaka-Reich ist das immer so.

Wenn ich eine Blume berühre, berühre ich die Sonne, aber ich werde nicht verbrannt. Berühre ich die Blume, so berühre ich auch eine Wolke, ohne deshalb zum Himmel zu fliegen. Berühre ich die Blume, dann berühre ich gleichzeitig mein Bewußtsein, dein Bewußtsein und den großen Planeten Erde. Das ist das Avatamsaka-Reich. Dieses Wunder wird möglich durch die Einsicht in die Natur des Miteinander-Verbundenseins aller Dinge, des Interseins. Wenn du eine Blume wirklich berührst, berührst du den gesamten Kosmos. Der Kosmos ist weder eins noch viele. Berührst du eins, so berührst du viele, und berührst du viele, so berührst du eins. Wie der Buddha Shakyamuni kannst du überall zur gleichen Zeit sein. Denk an dein Kind oder deine Geliebte, deinen Geliebten, die dich jetzt berühren. Schau tiefer, und du wirst dich selbst als Vielfaches sehen, das überall hingelangt, das mit jedem Wesen und mit allem verbunden ist.

Seit mehr als fünfundzwanzig Jahren bin ich nicht mehr in Vietnam gewesen, aber etliche Generationen von jungen Mönchen, Nonnen und Laien haben mich durch meine Bücher und Kassetten berührt, die handgeschrieben oder kopiert im Untergrund verbreitet wurden; ebenso berührten sie mich durch die Praxis der Gehmeditation und dadurch, daß sie tief in die Dinge hineinschauten. Durch all dies war ich in der Lage, mit den

Menschen in Verbindung zu bleiben, mit den Blumen, den Bäumen und den Wassern Vietnams, während ich die Menschen, die Blumen, die Bäume, die Wasser Europas und Nordamerikas berührte. Ja, ein Händeklatschen reicht aus, um Myriaden von Galaxien zu berühren. Die Wirkung eines Geräusches kann nicht ermessen werden. Jeder deiner Blicke, jedes Lächeln, jedes Wort reicht bis zu weit entfernten Universen und beeinflußt jedes lebende und nicht lebende Wesen im Kosmos. Alles berührt alles andere. Alles durchdringt alles andere. Das ist die Welt von Avatamsaka, und das ist auch unsere Welt. Wenn wir tief in die Dinge hineinschauen und sie tief berühren, können wir diese Welt in die Welt von Avatamsaka verwandeln. Je mehr wir uns darin üben, tief in die Dinge hineinzuschauen, desto mehr Licht ist da, desto mehr Bäume gibt es, desto mehr Ozeane, Raum, Sonnenschirme, Juwelen und Wolken. Es hängt ganz von uns ab.

Wenn der Buddha strahlendes Licht aussendet,
leuchten alle zehn Himmelsrichtungen.
Jedes Wesen im Himmel und auf Erden
kann ihn sehen, frei und unbehindert.

Wenn du Licht ausstrahlst, hilfst du anderen Menschen zu sehen, denn dein Licht weckt sie auf. Der Buddha strahlt helles Licht aus und strahlt damit in alle zehn Himmelsrichtungen. Jeder Mensch sieht den Buddha, frei und unbehindert.

Der Buddha sitzt im Palast von Suyama
und durchdringt doch alle Welten im Kosmos.
Das ist ein außergewöhnliches Ereignis,
ein Wunder für die ganze Welt.

Wie kann der Buddha, wenn er im Palast von Suyama sitzt, gleichzeitig überall im Kosmos zugegen sein? Es ist ein Wunder. Aber nicht nur der Buddha kann dieses Wunder vollbringen - wir alle können es. Wir sitzen hier, aber unsere Gegenwart durchdringt den gesamten Kosmos. Menschen, die etwas Einsicht und Achtsamkeit besitzen, können uns berühren, wo immer sie sich befinden mögen. Berühre nur und schau. Du fühlst, was du berühren möchtest, genau dort, wo du gerade bist. Höre und erkenne es in dir selbst. Dazu brauchst du keinerlei Texte zu lesen.

Alle Dinge sind ohne Herkunft,
und niemand kann sie erschaffen.
Es gibt keinen Ort, an dem sie entstehen.
Sie können nicht unterschieden werden.

Alle Dinge sind ohne Herkunft. Sie sind von nirgendwoher gekommen, denn sie sind frei von der Vorstellung von Sein und Nicht-Sein. Sie sind niemals geboren worden. Wir können sie weder mit unseren Begriffen erfassen noch sie anhand unserer geistigen Kategorien unterscheiden. Sie sind nirgendwoher gekommen; sie werden nirgendwohin gehen. Es gibt keinen Urheber, keinen Schöpfer. Das ist die wahre Natur der Wirklichkeit. Wir können nur dann Dinge wirklich berühren und erfahren, wenn wir uns freimachen von allen Konzepten über Geburt und Tod, Schöpfer und Erschaffenes.

Alle Dinge sind ohne Herkunft; sie sind also nicht geboren worden. Da sie niemals geboren wurden, kann es auch kein Erlöschen geben. So sind die Dinge im Avatamsaka-Reich.

Alle Dinge sind ohne Geburt und Erlöschen.
Diejenigen, die auf diese Weise verstehen,
werden den Buddha sehen und berühren.

Durchdringst du die Wirklichkeit von Nicht-Geburt und Nicht-Tod, die Wirklichkeit des Dharmas, der Dinge, der Realität, dann ist es nicht schwer für dich, den Buddha zu berühren.

Diese Verse finden wir in Kapitel 20. Es gibt im *Avatamsaka-Sutra* viele weitere ähnlich schöne Verse, an denen man sich erfreuen kann, aber wir wissen ja bereits, daß wir, wenn wir irgend etwas tief berühren, wir damit alles andere auch berühren, und so müssen wir nicht alle davon anführen.

Wenn wir im Avatamsaka-Reich umhergehen, den Buddha einatmen, den Buddha ausatmen, auf dem Buddha gehen, auf dem Buddha sitzen, dann erkennen wir, daß der Buddha hier das lebendige Dharma ist, Vairochana, die Wirklichkeit, so wie sie ist, Soheit - und wir sind eins mit ihm. So angenehm ist es im Reich von Avatamsaka, und es ist ganz in unserer Reichweite. In dem Augenblick, in dem wir es wollen, können wir eintreten in diese Welt des Lichts, der Ozeane, Dharma-Wolken, Juwelen, Löwenthrone und Blumen. Hier und jetzt können wir dorthin gelangen. Nicht einen einzigen Augenblick unseres Lebens brauchen wir zu vergeuden. Wir brauchen nur den Schritt ins Avatamsaka-Reich zu tun, um das Leben vollkommen zu genießen.

Das Land von Avatamsaka ist ein Produkt unseres Geistes. Es hängt ganz von uns ab, ob wir in der *saha*-Welt leben voller Leid, Diskriminierung und Krieg oder ob wir in der Avatamsaka-Welt leben, die voller Blumen ist, voller Vögel, Liebe, Frieden und Verstehen. Der Kosmos ist ein geistiges Konstrukt. Alles kommt aus unserem Geist. Wenn unser Geist voller Verstrickung und Verblendung ist, dann leben wir in einer Welt der Verstrikkung und Verblendung. Ist unser Geist hingegen rein und von Achtsamkeit, Mitgefühl und Liebe erfüllt, so leben wir in der Avatamsaka-Welt.

Im *Avatamsaka-Sutra* wird der Kosmos als Lotusblume mit vielen Blütenblättern beschrieben, von denen jedes Blütenblatt wiederum Lotusblumen enthält, deren Blütenblätter ebenfalls voller Lotusblumen sind usw. Wenn wir im Avatamsaka-Reich ein Ding betrachten, so finden wir alles im Kosmos Existierende darin. Vorstellungen von klein und groß gibt es hier nicht. Betrachten wir den Ozean, dann mögen wir uns im Vergleich zu ihm klein und unbedeutend fühlen. Betrachten wir den Sternenhimmel, so haben wir vielleicht den Eindruck, wir seien gar nichts. Der Gedanke aber, der Kosmos sei groß und wir seien ganz klein, ist nichts als eine Vorstellung. Sie gehört zu unserem Geist und nicht zur Wirklichkeit. Wenn wir eingehend eine Blume betrachten, dann sehen wir den gesamten Kosmos in ihr. Ein Blütenblatt ist die gesamte Blume und das gesamte Universum. In einem einzigen Staubkorn sind viele Buddha-Länder enthalten. Praktizieren wir diese Art der Meditation, dann lösen sich unsere Vorstellungen über groß und klein, eins und viele einfach auf.

Das Bild von einer Blume, die den gesamten Kosmos repräsentiert, kann uns viel lehren. Im *Diamant-Sutra* ist die Unterscheidung zwischen Selbst und Nicht-Selbst, zwischen Person und Nicht-Person, Lebewesen und Nicht-Lebewesen sowie Lebensspanne und Nicht-Lebensspanne aufgehoben. Hier im Avatamsaka-Reich entdecken wir nun, daß die sogenannten belebten Dinge sich in keiner Weise von den unbelebten Dingen unterscheiden, daß lebende Dinge aus Nicht-lebend-Elementen bestehen. Auch Wissenschaftler gelangen allmählich zu der Erkenntnis, daß das, von dem wir annahmen, es sei unbelebt, tatsächlich Leben beinhaltet. Wir können keine Trennungslinie ziehen zwischen belebten und unbelebten Dingen. Wenn wir die Erde unter diesem Aspekt betrachten, dann erkennen wir, daß der gesamte Planet ein lebender Organismus ist, und wir können auch nicht länger unterscheiden zwischen Menschen und Nicht-Menschen, zwischen Tieren und Pflanzen, zwischen Pflanzen und Mineralien. Wir sehen die Erde einfach als den schönen Körper eines lebenden Wesens, und wir erkennen, daß jede Verletzung eines der Körperteile eine Verletzung des gesamten Organismus bedeutet. Wenn du weißt, daß die Erde ein lebender Organismus ist, dann weißt du auch, wie du sie schützen mußt; denn wenn wir die Erde und die sie umgebende Luft schützen, beschützen wir damit auch uns selbst. Alles ist mit allem anderen verbunden. Wenn wir die Erde retten, retten wir uns selbst, unsere Kinder und Kindeskinder. Dieser Gedanke ist tief in der Lehre des Buddha verankert. Buddhistischen Mönchen und Nonnen ist es verboten, die Vegetation abzubrennen, Bäume zu fällen, ja sogar, ohne triftigen Grund Gras zu mähen.

Täglich rezitieren buddhistische Novizen: »Ich will für die Erleuchtung der lebenden und nicht-lebenden Wesen praktizieren.« Dies ist eine Lehre aus dem *Diamant-Sutra*. Wir schützen die Erde, weil wir Mitgefühl und Respekt für alle Dinge empfinden, für belebte und unbelebte. Diejenigen, denen der Schutz der Erde ein ernstes Anliegen ist, sollten das *Diamant-Sutra* und das *Avatamsaka-Sutra* studieren. Den Kosmos als Blume zu betrachten ist ein wunderschönes Bild. Jede Blume hat viele

Blütenblätter, und in jedem von ihnen siehst du die ganze Blume. Das eine ist die vielen, und die vielen sind das eine. Als sechzehnjähriger Novize lernte ich die letzten Verse der »Lobreden im Palast des Suyama-Himmels« aus dem *Avatamsaka-Sutra* auswendig:

Wollen Menschen die Buddhas
aller Zeiten erkennen,
dann sollten sie die Natur des Kosmos betrachten:
Alles ist nur geistiges Konstrukt.

Es ist wie bei einem Maler,
der verschiedene Farben aufträgt.
Verblendung greift nach verschiedenen Formen,
doch die Elemente lassen sich nicht unterscheiden.

In den Elementen gibt es keine Form,
noch enthält die Form Elemente.
Und dennoch kann jenseits der Elemente
keine Form gefunden werden.

Im Geist gibt es kein Bild,
in dem Bild keinen Geist.
Dennoch kann jenseits des Geistes
kein Bild gefunden werden.

Alles hängt davon ab, wie wir sehen. Der Geist erfindet unzählige Formen und Gedanken, und unsere Welt ist ein Produkt dieses Greifens. Die Elemente - Wasser, Feuer, Erde und Luft - und die Formen in deinem Geist scheinen zwei unterschiedliche Dinge zu sein. Wenn du das aber eingehend betrachtest, so siehst du, daß es keine Form in deinem Geist gibt, wenn es keine Elemente gibt, und es gibt keine Elemente, ohne daß es die Formen gibt. Formen und Elemente sind wechselseitig miteinander verbunden. Eins kann ohne das andere nicht sein.

Dieser Geist hört nie auf,
alle Formen zu manifestieren,
unzählbar, unbegreiflich viele,
die voneinander nichts wissen.

Gerade wie ein Maler,
der seinen eigenen Geist nicht kennen mag,
aber dennoch aus diesem Geist heraus malt,
so ist die Natur aller Dinge.

Ein Meister der Malerei kennt vielleicht seinen eigenen Geist nicht, aber er malt aus diesem Geist heraus. Die Natur der Phänomene dieser Welt ist genau so. Alle Dinge *(Dharmas)* werden aus unserem eigenen Geist geboren. Die Welt, wie sie sich uns zeigt, ist ein geistiges Konstrukt.

Der Geist ist wie ein Künstler,
er kann die Welten malen:
Die fünf Skandhas werden geboren
aus dieser Art, wie der Geist funktioniert.
Es gibt nichts, was er nicht vollbringt.

Wenn die Menschen wissen, wie der Geist funktioniert,
um all diese Welten zu erschaffen,

dann werden sie fähig sein, den Buddha zu sehen,
und die wahre Natur eines Buddha verstehen.

Dies ist eine Anregung für uns, wie wir den Buddha berühren können - nicht etwa, indem wir nach einer Person oder einer Nicht-Person suchen, einem Namen, einem Merkmal, nach Prestige oder nach einer Tradition, sondern indem wir den eigenen Geist beobachten und sehen, wie er funktioniert.

Der Geist erschafft alles - unsere Furcht, unseren Kummer, Geburt, Tod, Gewinn und Verlust, die Hölle, Liebe, Haß, Verzweiflung und Unterscheidung. Wenn wir praktizieren, werden wir verstehen, auf welche Weise der Geist die Dinge konstruiert, und wir werden den Buddha berühren.

Als junger Novize lernte ich diese Verse auswendig und rezitierte sie jeden Abend. Obwohl ich aus dem Kopf rezitierte, half es mir, den Samen des Verstehens in mir zu wässern, und langsam begann ich zu verstehen. Wenn du die Buddhas aller zehn Himmelsrichtungen, die Buddhas der drei Zeiten berühren willst, dann mußt du in die Natur des Kosmos hineinschauen und feststellen, daß alles ein geistiges Konstrukt ist. Die erste Lehre des *Avatamsaka-Sutra* besagt, daß alles Geist ist. Hier bedeutet Geist nicht Geistesbewußtsein, Intellekt. Es bedeutet etwas sehr viel Tieferes, etwas Individuelles und Kollektives. Sorge dich nicht, wenn du das nicht verstehst. Du mußt gar nichts verstehen. Erfreue dich einfach an den Worten dieses Sutras voller Schönheit. Wenn du dich dabei leichter fühlst, so ist das genug. Es ist unnötig, daß du ein schweres Gewicht auf deinen Schultern verspürst. Eines Tages wirst du ohne jede Mühe verstehen. Laß einfach zu, daß du da bist, daß du jedes Ding, dem du begegnest, tief berührst, daß du achtsam gehst und daß du anderen mit deinem ganzen Sein hilfst. Das ist die Praxis der Nicht-Praxis. Wenn du deinen Intellekt anstrengst, schaffst du nur neue Hindernisse. Höre intensiv zu, ohne deinen Intellekt zu benutzen, dann wirst du dich in der Avatamsaka-Welt wiederfinden, wo du das Licht berührst, die Juwelen und die Lotusblumen. Wenn du dort bist, mußt du nur berühren und dich berühren lassen; eines Tages wirst du schließlich die Wirklichkeit des Miteinander-Verwobenseins aller Dinge, des Interseins, durchdringen, und sie wird dich durchdringen.

Das Lotus-Sutra

Das *Saddharma-Pundarika-Lotus-Sutra* ist der König aller Mahayana-Sutren. In ihm findet sich die Grundlage zur Versöhnung aller Buddhisten. In jeder Tradition haften die Menschen irgendwann an ihren Methoden. Sie klammern sich an eine Form und werden so von der Schlange des Mißverstehens gebissen. Deshalb ist jedesmal ein Bemühen, eine Anstrengung erforderlich, um die Tradition zu erneuern, die Fehler zu korrigieren und Formen der Praxis einzuführen, die näher an der ursprünglichen Lehre sind. Dies versuchten die ersten Mahayana-Sutren zu tun. Die Vorstellungen von Unbeständigkeit, Nicht-Selbst und Nirvana wurden auf neue Weise dargestellt, um den Menschen zu helfen, näher mit der ursprünglichen Lehre des Buddha in Berührung zu kommen. Weil die Autoren dieser Sutren aber Schwierigkeiten hatten, sich bei den etablierten Übungsgemeinschaften Gehör zu verschaffen, bedienten sie sich oft einer zu harten Sprache. So sagten sie beispielsweise, daß die *Shravakas*, die nur praktizierten, um der Welt des Leidens zu entgehen, und nicht zum Wohle aller Menschen, nicht wirklich Kinder des Buddha seien.

Im *Vimalakirti-Sutra* nimmt sich der Angriff auf die Shravakas wie Kanonenfeuer aus. Shariputra, der intelligenteste Schüler des Buddha, der große Bruder aller Bhikkhus, wird lächerlich gemacht und als Folge die ganze Versammlung herabgesetzt. Dies war als Angriff auf eine Tradition gedacht, die den

Buddhismus als einen Weg ausschließlich für Mönche und Nonnen betrachtete, für diejenigen also, die der Welt entsagten. Als das *Vimalakirti-Sutra* aufkam, war der Mahayana-Buddhismus nur eine Geistesrichtung, aber noch keine etablierte Gemeinschaft. Die Vorgehensweise seiner Anhängerschaft war kämpferisch, denn sie wollte sich Gehör verschaffen. Erst im zweiten Jahrhundert entstand mit dem *Lotus-Sutra* eine Grundlage für die Anhänger des Mahayana, auf der eine wirklich praktizierende Gemeinschaft aufgebaut werden konnte.

Im *Lotus-Sutra* tritt Shariputra wieder als Lieblingsschüler des Buddha in den Vordergrund. Shariputra sitzt neben dem Buddha und erhält dessen volle Aufmerksamkeit. Der Buddha erklärt ihm, da die Zeit bisher noch nicht reif gewesen sei, habe er das *Lotus-Sutra* nicht eher vorgestellt. Jetzt aber, wo die Schüler praktiziert und mehr Reife erlangt hätten, wären sie so weit, diese tiefste aller Belehrungen zu empfangen.

Die beiden Hauptaussagen im *Lotus-Sutra* sind: 1. Jeder Mensch hat die Fähigkeit, ein vollkommen erleuchteter Buddha zu werden. 2. Der Buddha ist überall und jederzeit gegenwärtig. Vorher hatten die Übenden angenommen, sie könnten *Arhat* werden und Nirvana erlangen, wenn sie das Feuer der Begierde und der Verstrickungen auslöschten, nicht aber, daß sie Buddha werden könnten. Sie glaubten, es sei schon ausreichend, Arhat zu werden, weil sie nur ihr eigenes Leiden beenden wollten. Oberstes Ziel des *Lotus-Sutra* war es, diese Haltung aufzulösen und zu zeigen, daß jede Person die Fähigkeit hat, vollkommen erleuchtet, also Buddha, zu werden.

Die zweite wesentliche Belehrung im *Lotus-Sutra* ist, daß das Leben des Buddha nicht begrenzt ist auf einen Zeitraum von achtzig Jahren oder auf den Raum Indien. Man kann nicht sagen, der Buddha sei geboren worden oder er sei gestorben. Er ist da, für alle Zeiten. Im *Avatamsaka-Sutra* haben wir gesehen, daß der Buddha nicht nur Shakyamuni ist, sondern auch Vairochana. Shakyamuni ist nur einer der Wege. Vairochana ist *der* Weg.

Im Buddhismus sprechen wir manchmal von drei Fahrzeugen *(triyana)* – dem Fahrzeug der Shravakas (Schülerinnen, Schüler), dem der Pratyekabuddhas (die, die Erleuchtung nur für sich und aus sich selbst erlangt haben) und dem der Bodhisattvas. Ziel des *Shravakayana* ist die Selbstbefreiung von der Welt des Leidens und das vollständige Erlöschen des Leidens. Das *Pratyekabuddhayana* ist das Fahrzeug derjenigen, die praktizieren und erleuchtet werden, indem sie die Natur des Miteinander-Verbundenseins aller Dinge, des Interseins, berühren. Im *Bodhisattvayana* hilfst du allen Wesen, Befreiung zu erlangen. Vor dem Aufkommen des *Lotus-Sutra* gab es scharfe Unterscheidungen zwischen den drei Fahrzeugen, und die jeweiligen Anhänger kritisierten die anderen dafür, daß sie zu engstirnig und begrenzt seien. Im *Lotus-Sutra* aber lernen wir, daß alle drei Fahrzeuge eins sind: »Der Buddha, die Mittel voller Geschick benutzend, sagt, hier ist ein Weg, da ein anderer, und dies ist ein dritter Weg - die Menschen können sich einen auswählen -, aber in Wirklichkeit gibt es nur einen Weg *(ekayana)*.« Die Bezeichnung »Ekayana«, »ein Fahrzeug«, wurde bereits im *Satipatthana-Sutta* (Die vier Verankerungen der Achtsamkeit) verwendet, und sie ist einer der Schlüsselbegriffe im *Lotus-Sutra*. Das *Lotus-Sutra* besagt nun: Ganz gleich, welcher Tradition du angehörst, du bist Schülerin oder Schüler des Buddha. Das sind wunderbare Neuigkeiten! Heutzutage praktizieren die Menschen im Westen Theravada, Zen, Reines Land, Vajrayana und viele andere buddhistische Traditionen, und wir wissen, daß sie alle dem wahren Weg des Buddha folgen. Durch das *Lotus-Sutra* sind Frieden und Versöhnung unter den Praktizierenden möglich geworden.

Das *Lotus-Sutra* hat 28 Kapitel. Studiert bitte das zweite Kapitel über »die geschickt zu handhabenden Mittel« sorgfältig. Darin findet ihr die Belehrung, daß in allen Buddha-Ländern der zehn Himmelsrichtungen alle drei Fahrzeuge - die der Shravakas, Pratyekabuddhas und Bodhisattvas - tatsächlich Ekayana, also eins, sind. Der Buddha hat sie nur als verschiedene Fahrzeuge vorgestellt, um den Wesen in den verschiedenen Stadien ihrer Praxis zu helfen. Letztlich ist ein Arhat, wenn er nicht von Bodhicitta getragen wird, kein wahrhaftiger Schüler des Buddha, kein Arhat.

Im dritten Kapitel sagt der Buddha voraus, daß Shariputra ein vollkommen erleuchteter Buddha sein wird, und vor Aufregung darüber werfen alle ihre *sanghati*-Roben in die Luft. Nie zuvor haben die Schülerinnen und Schüler des Buddha sich klarmachen können, daß auch sie vollkommen erleuchtete Buddhas werden können. Nach dieser Voraussage des Buddha fühlt sich Shariputra voller Selbstvertrauen, und in der Folgezeit sagt der Buddha auch bei anderen Mönchen voraus, daß sie vollkommene Erleuchtung erlangen, Buddhas werden. Die erste Belehrung im *Lotus-Sutra* besagt also, daß alle Menschen vollkommen erleuchtete Buddhas werden können.

Im elften Kapitel finden wir die zweite Belehrung - der Buddha kann weder in Zeit noch Raum gefunden werden, noch auf Zeit und Raum begrenzt werden. In den ersten zehn Kapiteln gibt es Zeit und Raum. Wir sehen Menschen, die noch keine Buddhas sind und die üben, um Buddha zu werden. Wir befinden uns in der historischen Dimension der Wirklichkeit. Ab dem elften Kapitel betreten wir die letztendliche Dimension. In der historischen Dimension wirst du geboren, du wirst erleuchtet und gehst in das Mahaparinirvana ein. In der letztendlichen Dimension bist du immer im Nirvana. Du bist bereits Buddha. Es gibt nichts zu tun. Das *Lotus-Sutra* hat eine wundervolle Art, uns diese Wahrheit zu zeigen.

Der Buddha und alle seine Schülerinnen und Schüler sitzen auf dem Gridhrakuta, dem Geiergipfel, und der Buddha verkündet das *Lotus-Sutra*. Auf einmal hören alle: »Wundervoll! Wundervoll! Buddha Shakyamuni lehrt das *Lotus-Sutra*!« Als sie hochblicken, die gesamte Versammlung von Mönchen, Nonnen und Bodhisattvas, da sehen sie einen wundervollen Stupa, ein Bauwerk, das vor ihnen in der Luft schwebt. Der Buddha erklärt den Zuhörenden: »Der Buddha Prabhutaratna, ›Schätze im Überfluß‹, ist hier und beobachtet unser Dharma-Gespräch.« Im *Lotus-Sutra* befinden sich die Menschen immer, wenn sie auf dem Erdboden des Geiergipfels sitzen, in der historischen Dimension. Wenn sie ihre Aufmerksamkeit auf den Raum richten, suchen sie nach der letztendlichen Dimension. Als sie nun aber hochschauen, um den Buddha Prabhutaratna zu sehen, können sie ihn nicht erkennen. Sie versuchen nämlich, die letztendliche Dimension mit den Augen der historischen zu sehen – durch Standpunkte und Vorstellungen. Sie betrachten den Buddha als Form. Sie sehen ihn in bezug auf Zeit und Raum, und deshalb erfassen sie nicht seine wahre Natur als Buddha. Sie können nichts greifen, oder sie ergreifen zuviel, und deshalb können sie den Buddha nicht sehen.

Buddha Shakyamuni erklärt den Anwesenden, daß Prabhutaratna ein Buddha sei, der vor sehr langer Zeit vollkommene Erleuchtung erlangt und das Gelübde abgelegt habe, jedesmal zu erscheinen und »Wundervoll! Wundervoll!« auszurufen, wenn ein Buddha in der Welt erscheint und das *Lotus-Sutra* lehrt. Wie können sie diesen Buddha sehen? Sie können den historischen Buddha sehen, aber wie können sie den letztendlichen Buddha sehen, den Buddha, der nicht an Zeit und Raum gebunden ist? Der Buddha Shakyamuni weiß um das tiefe Bedürfnis der Gemeinschaft, und so versucht er mit nicht endendem Mitgefühl, zu helfen.

In der Vergangenheit machte der Buddha Prabhutaratna folgendes Gelöbnis: »Wenn ein oder eine Buddha meinen Stupa öffnen und mich sehen möchte, dann muß er oder sie alle seine oder ihre sich manifestiert habenden Körper aus allen zehn Himmelsrichtungen zurückrufen.« Shakyamuni sagt: »Ich will alles tun, was mir möglich ist, um das zu erreichen«, und er schickt von seiner Stirn aus ein kraftvolles Licht in alle zehn Himmelsrichtungen. Im nächsten Augenblick schon können die Anwesenden zahllose Buddha-Länder überall um sich herum sehen, und in jedem Buddha-Land gibt es einen Buddha Shakyamuni, der vor einer großen Versammlung das *Lotus-Sutra* lehrt. In diesem Moment erkennen die Schülerinnen und Schüler des Buddha, daß der Buddha Shakyamuni mehr ist als nur ein Buddha, der auf der Erde lehrt, daß er mehr ist als nur eine Person. Da lassen sie die Vorstellung fallen, der Buddha sei unser Buddha, auf unserem Planeten, er sei unser Lehrer, ein menschliches Wesen mit einer Lebensspanne von vierundachtzig Jahren. Daraufhin lächelt der Buddha, der auf dem Geiergipfel sitzt, und ruft all seine sich manifestiert habenden Körper zurück auf die Erde; und innerhalb von Sekunden sitzen unzählige Buddhas Shakyamuni zusammen auf dem Geiergipfel. Die

Grundbedingung für die Öffnung des Stupa von Buddha Prabhutaratna ist erfüllt worden. So weit geht der Buddha, um seinen Schülerinnen und Schülern zu helfen, sich von ihren Vorstellungen und Standpunkten zu befreien.

Der Buddha Shakyamuni kann nun die Tür zum Stupa öffnen, aber nur eine kleine Anzahl der hier Versammelten ist in der Lage, hineinzuschauen und mit ihren Augen den Buddha Prabhutaratna als eine Wirklichkeit zu berühren. Die meisten in der Versammlung sitzen am Fuße des Berges und können überhaupt nichts sehen. Sie sind nicht auf derselben Ebene. Sie sind nicht frei genug, um die letztendliche Dimension zu sehen. Die Bodhisattvas sind in der Lage, in den Stupa zu blikken und den lebenden Buddha Prabhutaratna zu sehen, aber die Shravakas, weiter unten sitzend, vermögen es nicht. Der Buddha Shakyamuni, der weiß, daß auch sie diesen Wunsch haben, benutzt nun seine große Kraft und erhebt sie alle in die Luft, so daß sie sich auf derselben Ebene befinden wie die Bodhisattvas und Buddhas, und nun können sie alle in den Stupa schauen und den lebenden Buddha Prabhutaratna sehen. Das bedeutet, wir können uns mit der Unterstützung und Hilfe des Buddha vom Boden erheben, auf dem wir sitzen - dem Boden unserer Vorstellungen und Konzepte - und können die letztendliche Dimension berühren.

Jede und jeder von uns befindet sich zugleich in der historischen und in der letztendlichen Dimension. Aber wir haben es noch nicht gelernt, die letztendliche Dimension zu berühren. Wir leben nur in der historischen Dimension. Wir müssen praktizieren, um uns zu erheben, um unsere Anhaftung an der historischen Dimension aufzugeben und hineinzuschauen in die wahre Natur von Nicht-Geburt, Nicht-Tod, nicht hoch, nicht tief, nicht eins, nicht viele. Von der historischen Dimension aus betrachtet, ist der Buddha Prabhutaratna längst im Nirvana; wie kann er also da sitzen und sprechen? In der letztendlichen Dimension jedoch ist er immer da, und er sagt: »Wundervoll! Wundervoll!« Wenn alle auf dieselbe Ebene gehoben worden sind, dann können sie alle den Buddha Prabhutaratna leibhaftig sehen, voller Leben und Schönheit, den Buddha, der nicht bedingt ist durch Zeit oder Raum, den Buddha, der stets gegenwärtig ist.

Als nächstes rückt der Buddha Prabhutaratna auf seinem Löwenthron etwas zur Seite und lädt den Buddha Shakyamuni, den Buddha der historischen Dimension, ein, sich neben ihn zu setzen. Alle sehen, daß die beiden Buddhas, Shakyamuni und Prabhutaratna, auf demselben Löwenthron sitzen. Die historische Dimension und die letztendliche Dimension sind nicht zwei, sondern eins. Es ist Shakyamuni, der historische Buddha, der uns hilft, den Buddha der letztendlichen Dimension zu berühren. Wir können nicht sagen, der Buddha habe einen Anfang oder ein Ende. Er ist schon lange Zeit ein Buddha gewesen und wird noch für lange Zeit ein Buddha sein. Dies ist die zweite wichtige Belehrung des *Lotus-Sutra.*

Während wir auf dem Geiergipfel sitzen, befinden wir uns noch in der historischen Dimension. Plötzlich hören wir: »Wundervoll! Wundervoll!« Die letztendliche Dimension berührt uns. Wir sehen auf und erkennen den Stupa des unsterblichen Buddha Prabhutaratna, und wir blicken nach oben, um ihn zu sehen. Wir werfen zum ersten Mal einen Blick auf das Letztendliche. Wir möchten so gern die Tür zum Stupa öffnen und den Buddha des Letztendlichen direkt sehen, aber es ist ein weiter Weg dahin, und wir bedürfen der Hilfe unseres Lehrers. Die Tür ist geschlossen – wir können die letztendliche Wirklichkeit nicht sehen. Was ist die Tür? Sie ist unsere Verblendung, unsere Vorstellungen, unsere Unterscheidungen und Betrachtungsweisen. Die Tür zum Stupa ist in jeder und jedem von uns. Unser Lehrer, der Buddha Shakyamuni, versucht uns zu helfen und sagt: »Um diese Tür zu öffnen, muß ich all meine transformierten Körper zurückholen, die sich überall im Kosmos befinden. Wenn sie zum Geiergipfel zurückgekehrt sind, bin ich in der Lage, die Tür zum Stupa zu öffnen.« So sendet er Licht aus in die zehn Himmelsrichtungen, und wir sehen viele Buddha-Länder; in jedem von ihnen lehrt Buddha Shakyamuni. Jetzt können wir unsere gewohnte Sichtweise, Shakyamuni als eine Person zu betrachten, fallenlassen. All diese Buddhas sind Shakyamuni, und sie sitzen alle auf Lotussitzen und predigen das *Saddharma-Pundarika-Lotus-Sutra.*

Die Tür ist jetzt geöffnet; aber noch immer sind die Voraussetzungen nicht reif dafür, daß wir den Buddha Prabhutaratna sehen können. Die Buddhas und Bodhisattvas können ihn durch diese Tür sehen, aber wir nicht, da wir uns in einem anderen Land befinden. Der Buddha kennt unseren Wunsch, und kraft seines Geistes erhebt er uns langsam in die Luft. Das bedeutet, wir müssen erst die historische Dimension transzendieren, um auf gleicher Ebene zu sein mit den Buddhas und Bodhisattvas, die sich im unendlichen Raum, in der letztendlichen Dimension befinden. Dann können wir in den Stupa schauen und den Buddha Prabhutaratna sehen.

Wenn wir immer noch an der Idee festhalten, daß Buddha Prabhutaratna und Buddha Shakyamuni verschiedenen Welten angehören, daß der Buddha der letztendlichen Dimension und der Buddha der historischen Dimension zwei sind und nicht eins, dann überwinden wir diese Sicht in dem Moment, in dem wir sehen, wie Buddha Prabhutaratna auf seinem Löwenthron zur Seite rückt, damit sich Shakyamuni neben ihn setzen kann. Was kann der Buddha sonst noch tun, um uns sehen zu helfen?

Das *Lotus-Sutra* und das *Avatamsaka-Sutra* gehören zu den schönsten Dichtungen, die je geschrieben wurden. Was die poetische Vorstellungskraft anbelangt, so ist der indische Geist unübertroffen. Die Inder benutzten ihre bildhafte Vorstellungskraft, um tiefste Einsicht auszudrücken. Allein das Bild vom Buddha Prabhutaratna und seinem Stupa beinhaltet so viel. Zur damaligen Zeit waren in Indien Stücke wie das *Mahabharata* sehr beliebt, und sie beeinflußten deutlich den Stil, in dem die Lehre ausgedrückt wurde. Aus diesem Grund wurden das *Saddharma Pundarika*, das *Vimalakirti-Sutra* und andre Sutren wie Theaterstücke dargeboten. Bitte, gestatte dir, die Lehre des Buddha mit Hilfe dieser Vorstellungswelt, dieser Poesie und dieser Dialoge zu berühren.

In Kapitel 15 des *Lotus-Sutra* geschieht etwas Wundervolles. Bodhisattvas aus vielen Ländern kommen zusammen, um den Buddha zu begrüßen. Sie erzählen ihm: »Herr, wir sind gekommen, um dir beim Lehren zu helfen, weil der Bedarf hier so groß ist.« Der Buddha erwidert: »Danke, aber wir haben bereits genug Bodhisattvas hier in diesem Land. Geht ruhig zurück in eure eigenen Länder und helft dort.« Der Buddha drückt damit sein Vertrauen in seine irdischen Schülerinnen und Schüler aus – und damit bist auch du gemeint. Dann sendet er noch mehr Licht aus, und die Erde bricht auf. Aus ihr kommen unzählige Bodhisattvas hervor, alle wunderschön in ihrer äußeren Erscheinung und ihrer Art zu sprechen und zu lehren. Sie gehen auf den Buddha zu, verbeugen sich und sagen: »Herr, wir sind in der Lage, uns um dieses Land zu kümmern. Wir brauchen keine anderen Bodhisattvas. Sie können in ihren eigenen Ländern lehren.« Der Buddha antwortet: »Ja, ihr habt recht. Es gibt hier schon genügend Lehrer und Lehrerinnen, die sich dieser Erde annehmen.« Dann bedankt er sich bei den Bodhisattvas aus den anderen Welten und sagt: »Geht jetzt heim. Ihr werdet in euren eigenen Ländern gebraucht.«

Das erinnert sehr an die Situation heutzutage. Im Westen erscheinen viele Bodhisattvas als Lehrerinnen und Lehrer. Jedesmal, wenn wir in Plum Village die Zeremonie der Übertragung der Dharma-Leuchte feiern, bei der jemand ermächtigt wird, das Dharma zu lehren, ist das ein freudiger Anlaß. Damit wird deutlich gemacht, daß hier, aus diesem Land, Bodhisattvas als Lehrerinnen und Lehrer hervorgehen. Wir müssen diese Bodhisattvas unterstützen. Jedesmal, wenn eine oder ein Bodhisattva aus der Erde hervorkommt, bin ich glücklich, und wir alle fühlen uns ermutigt. In jedem März erblühen in Plum Village auf den Hügeln des oberen Dörfchens Hunderttausende von gelben Narzissen. Als ich zum erstenmal so viele Tausend dieser wunderschönen, goldgelben Narzissen aus der Erde sprießen sah, dachte ich an dieses Bild aus dem *Lotus-Sutra,* und so tauften wir die Hügel »Schatz des *Dharmakaya*«.

Shariputra fragt nun den Buddha: »Herr, du wurdest im Alter von fünfunddreißig Jahren erleuchtet, und du hast nur fünfundvierzig Jahre lang gelehrt. Wie ist es überhaupt möglich, daß du so viele brillante Schülerinnen und Schüler überall im Kosmos hast? Das ist ja fast so, als hätte ein Fünfundzwanzigjähriger siebzig oder achtzig Kinder.« Darauf sagt der Buddha: »Du verstehst nicht, weil du mich nur in der historischen Dimension siehst. Wenn du mich in der letztendlichen Dimension siehst, dann wirst du verstehen, weshalb ich Millionen von Schülerinnen und Schülern haben kann, die in der Lage sind, sich um die Erde und auch um viele andere Welten zu kümmern.«

In Kapitel 23 des *Lotus-Sutra* betreten wir eine dritte Dimension, die wir die Dimension des Handelns nennen können. Buddhas und Bodhisattvas kommen aus der letztendlichen Dimension in die historische Dimension, um zu handeln, zu helfen, um zu tun, was getan werden muß. Der erste Bodhisattva, den wir in dieser Dimension sehen, heißt Medizin-König. Seine Praxis ist es, jeweils die Art von Körper zu manifestieren, die benötigt wird, um Hilfe zu bringen. Wenn der Körper eines Politikers, eines Polizisten, eines Mannes, einer Frau benötigt wird, so manifestiert er diesen. Wir alle haben viele Arten von Körpern, und der Medizin-König zeigt uns, wie wir denjenigen benutzen, der in einer bestimmten Situation gerade zur Heilung benötigt wird. Sein Weg ist der Weg der Hingabe, des Vertrauens und der Liebe; niemals läßt er irgend jemand oder irgend etwas im Stich.

In Kapitel 24 begegnen wir dem Bodhisattva ›Wundervoller Klang‹, der das Samadhi praktiziert, jeweils die Sprache zu benutzen, die erforderlich ist, um den Lebewesen zu helfen. Wenn Lebewesen in Zeichensprache sprechen, so spricht er in Zeichensprache. Sprechen sie in der Sprache der Psychologie, so spricht er in der Sprache der Psychologie. Wenn sie in der Sprache von Sex oder Drogen sprechen, so spricht er in der Sprache von Sex und Drogen, um zu helfen. In seinen vergangenen Leben benutzte ›Wundervoller Klang‹ Musik, um den Buddhas Opfergaben darzureichen. Er ist aus der letztendlichen Dimension in unsere Welt gekommen, spricht viele Sprachen und benutzt die Musik, um wirkliche Kommunikation möglich zu machen.

Nun begegnen wir dem Bodhisattva Avalokiteshvara, einem Erdenkind, das die Art von Handlungsweise verkörpert, die unsere Erde am meisten braucht - die Energie der Liebe. Wenn du liebst, dann willst du ganz da, ganz gegenwärtig sein, um deine Unterstützung anzubieten. Der Buddha sagt: »Jeder Mensch, der den Namen Avalokiteshvaras hört, wird alles Leiden überwinden.« Avalokiteshvara lehrt uns die Kunst des intensiven Zuhörens. Wenn du diese Kunst praktizierst, dann kannst du viel Schmerz und Leid überwinden. Befindest du dich in der Hölle und verzehren dich die Flammen von Ärger und Haß, verwandeln sie sich, wenn du Avalokiteshvara in deinem Herzen berührst, in kühles, erfrischendes Wasser. Ertrinkst du im Ozean des Leidens, im Angesicht von unzähligen Stürmen und Dämonen, und rufst den Namen Avalokiteshvaras, wird dein Leid transformiert, und du wirst gerettet. Wenn du an Ketten gefesselt bist und die Achtsamkeit Avalokiteshvaras praktizierst, wirst du befreit. Wenn du merkst, daß andere dich vergiften wollen, und du die Liebe in dir berührst, dann wird dir kein Leid geschehen. Ganz gleich, wo du bist - stets kannst du Avalokiteshvara mit seiner wunderbaren Fähigkeit, ganz da, ganz gegenwärtig zu sein, berühren.

Avalokiteshvara hat die folgenden fünf Betrachtungen verwirklicht: 1. Er hat tief in die Dinge hineingeschaut; das Wirkliche gesehen, Illusionen, Vorstellungen und Konzepte aufgegeben und ist zur Soheit gelangt, die frei ist von allen gedanklichen Vorstellungen. 2. Er hat reinen Geist und reines Herz verwirklicht. Wenn Vorstellungen und Verstrickungen aufgelöst sind, ist unser Geist rein und unverwirrt. 3. Er hat unermeßliches Verstehen, Prajnaparamita, erlangt, ein Verstehen, das die Natur von Leerheit und wechselseitiger Verbundenheit aller Phänomene, ihr Intersein, berührt. 4. Er hat Mitgefühl, *karuna,* verwirklicht; das Leiden der Menschen gesehen und Wege gefunden, ihren Schmerz zu transformieren. 5. Er hat Liebe, *maitri,* verwirklicht; in andere hineingeschaut und erkannt, was zu tun ist, um ihnen Glück zu bringen, und ihnen das angeboten. Avalokiteshvara ist immer gegenwärtig. Wann immer wir ihn auch brauchen mögen - wir können ihn berühren, indem wir all dies praktizieren: tiefes Schauen, reines Herz und reinen Geist, unermeßliches Verstehen, Mitgefühl und Liebe.

Wir können das *Lotus-Sutra* durch drei Türen betreten. Die erste ist die historische Dimension, die Dimension von Formen, Zeichen und Phänomenen. Die zweite ist die letztendliche Dimension, die Dimension von Substanz, Natur und Noumenon. Die dritte ist die Dimension des Handelns, in der wir zu dienen versuchen, angeleitet von den vielen Bodhisattvas als unseren Vorbildern. Solltest du die Gelegenheit haben, dieses wundervolle Sutra zu lesen, zu studieren und die Lehren zu praktizieren, dann weiß ich, es wird eine Freude, ein Vergnügen für dich sein.

Ein Spaziergang in der letztendlichen Dimension

Im *Diamant-Sutra* sagt der Buddha: »Wo es etwas gibt, das durch Zeichen unterscheidbar ist, da gibt es Täuschung.« Noch immer klammern wir uns an Zeichen und verlieren die Essenz, welche Zeichenlosigkeit, Leerheit und Intersein bedeutet. Wir sind in den Zeichen gefangen und vergessen ganz, daß die Wirklichkeit weder Selbst noch Nicht-Selbst, weder Person noch Nicht-Person, weder Lebewesen noch Nicht-Lebewesen, weder Lebensspanne noch Nicht-Lebensspanne ist. Unsere Praxis muß sein, tief zu schauen, tiefgründig zu leben und im »Diamant-Samadhi« (der Vajracchedika-Prajnaparamita-Konzentration) zu verweilen. Wir bewahren diese Konzentration, nicht nur während der Sitzmeditation, sondern auch beim Gehen oder Teetrinken, oder wenn wir unser neugeborenes Baby im Arm halten. Schauen wir tief in die Dinge hinein, dann können uns Zeichen und Merkmale nicht zum Narren halten.

Während ich die Geschichte meiner ersten Liebe erzählte, habe ich mein Bestes getan, in dieser Art von Samadhi zu verweilen, in Berührung mit der Wirklichkeit zu bleiben. Ich hoffe, du hast dasselbe getan. Die Geschichte hat sich vor fünfundvierzig Jahren zugetragen, aber wenn du *sie* mit den Augen des *Diamant-Sutra* betrachtest, so weißt du, daß du sie, die ja aus Nicht-Person-Elementen besteht, hier und jetzt berühren kannst. Wenn du im Diamant-Samadhi eine Blume berührst, dann berührst du die Sonne und den gesamten Kosmos! Wenn du die

Natur der Blume, ihre Verwobenheit mit allen anderen Phänomenen, ihr Intersein, durchdringst, berührst du alles. Du brauchst nicht zu fragen: »Was passierte dann?«, denn du siehst die ganze Ewigkeit genau vor dir. Du berührst etwas ganz tief, und schon ist alles gegenwärtig. Wenn du zu einer Sangha gehörst, die auf diese Weise praktiziert, die tiefgreifend lebt und alles in dieser Weise berührt, dann fällt dir die Praxis ganz leicht. Mach dir keine Sorgen, wenn du immer noch nicht verstehst. Laß einfach den Dharma-Regen weiter den Boden deines Speicherbewußtseins befeuchten. Obwohl das Dharma auch anhand von Konzepten dargestellt wird, so ist es doch möglich, es zu empfangen, ohne sich in irgendeins der Konzepte zu verstricken.

Wenn wir uns den weiten Ozean anschauen, sehen wir viele Wellen. Wir können sie als hoch oder flach beschreiben, als groß oder klein, heftig oder weniger heftig; aber all diese Begriffe können nicht auf das Wasser selbst angewendet werden. Vom Standpunkt der Welle aus gibt es Geburt und Tod, aber das sind nur Kennzeichen. Die Welle ist gleichzeitig auch Wasser. Wenn die Welle sich selbst aber nur als Welle sieht, wird sie sich zu Tode fürchten. Die Welle muß ganz tief in sich selbst hineinschauen, um zu begreifen, daß sie gleichzeitig auch Wasser ist. Wenn wir das Wasser wegnehmen, kann die Welle nicht sein; nehmen wir die Wellen weg, dann gibt es kein Wasser. Welle ist Wasser, und Wasser ist Welle. Sie gehören zu verschiedenen Ebenen des Seins. Wir können die beiden nicht miteinander vergleichen. Die Begriffe und Konzepte, die wir der Welle zuschreiben, können nicht dem Wasser zugeschrieben werden.

Die Wirklichkeit kann nicht durch Begriffe oder Vorstellungen beschrieben werden. Nirvana ist in erster Linie das

Erlöschen von Vorstellungen. Im Avatamsaka-Reich schauen wir nicht nach dem Buddha Shakyamuni als einer Form. Wir schauen nach dem Buddha Vairochana, der das wahre Wesen von Shakyamuni und allen anderen Buddhas der Vergangenheit, Gegenwart und Zukunft ist - und damit auch unser wahres Wesen, denn auch wir sind alle Buddhas. Im Avatamsaka-Reich ist Zeit auch Raum. Die Vergangenheit betrachtet lächelnd die Zukunft, die Zukunft betrachtet lächelnd die Vergangenheit - und beide können in der Gegenwart gefunden und berührt werden.

Wenn du die Avatamsaka-Welt betrittst, bist du Buddha. Du brauchst nicht zu sagen, du seist eine zukünftige, ein zukünftiger Buddha, denn Vergangenheit, Gegenwart und Zukunft sind eins. Wenn du in der Lage bist, das Wasser zu berühren, so ist das wunderbar, aber es bedeutet nicht, daß die Welle damit verschwunden ist. Die Welle ist *immer* das Wasser. Wenn du versuchst, nur die Welle zu berühren und nicht das Wasser, dann wirst du unter der Furcht vor Geburt und Tod leiden und unter vielen anderen Kümmernissen. Wenn du aber tief in dich selbst hineinschaust und feststellst, daß du das Wasser bist, dann verschwinden alle Furcht und alle Kümmernisse. Berührst du das Wasser, so berührst du auch die Welle. Betrittst du das Reich von Avatamsaka und berührst Vairochana, so siehst du auch den Buddha Shakyamuni unter dem Bodhibaum sitzen. Vairochana und Buddha Shakyamuni sind eins, so wie Wasser und Welle. Da die Wirklichkeit von Vairochana durch Begriffe oder Konzepte nicht beschreibbar ist, kann es gefährlich sein, Begriffe oder Konzepte zu benutzen, wenn man darüber spricht. Nirvana ist eine unverfängliche Art, Vairochana zu beschreiben, denn Nirvana bedeutet das Erlöschen aller Ideen und Konzepte.

In einigen Traditionen wird das Wort »Vater« benutzt, aber da müssen wir uns fragen, warum Vater und nicht Mutter? Jeder Begriff, der sein Gegenteil hervorruft, ist problematisch. »Gott die Mutter« (engl.: »god the Mother«, Anm. d. Ü.) wäre eine gute Formulierung, um alle Vorstellungen zu neutralisieren, die man vielleicht in bezug auf »Gottvater« hat.

Das folgende Gedicht an eine Dahlie wurde von einem jungen Dichter aus Vietnam, Quach Thoai, geschrieben:

Du stehst ruhig am Zaun
und lächelst dein wundersames Lächeln.
Überrascht und sprachlos stehe ich da.
Ich höre dich ein Lied singen,
das, ich weiß nicht wann, begann.
Ich verbeuge mich tief.

Eine Dahlie ist eine gewöhnliche Blume, die wir jeden Tag sehen können, aber wenn wir nicht aufmerksam sind, nehmen wir sie nicht wahr. An jenem Morgen war der Dichter vollkommen gegenwärtig, und er konnte die Blume berühren. Das Lied der Blume war immer da. Auf einmal gelang es dem Dichter, das Reich Vairochanas zu betreten, des Dharmakaya-Buddha, und das Lied der Blume zu hören. Vor Respekt verbeugte er sich tief.

Die Dahlie ist der Buddha Vairochana, der ständig lehrt, voller Mitgefühl. Da wir aber gefangen sind in unserer Unachtsamkeit, gelingt es uns nicht, zu hören, wie der Buddha lehrt. Das bedeutet aber nicht, daß er nicht da ist. Tatsächlich drückt alles - das Gras, die Blumen, die Blätter, die Kieselsteine - das *Saddharma-Pundarika-Lotus-Sutra* aus.

Im *Avatamsaka-Sutra* gibt es ein Kapitel über die Praxis von Samantabhadra, dem Bodhisattva der universellen Gutheit. Der Bodhisattva Samantabhadra sitzt vor dem Buddha Shakyamuni und tritt ein in ein Samadhi, genannt »die Konzentration auf den immanenten Körper«, die Konzentration auf den Vairochana-Körper aller Buddhas. In diesem Samadhi berührt er den wahren Körper aller Buddhas und tritt ein in die Welt des Avatamsaka. Obwohl er vor Buddha Shakyamuni sitzt, erscheinen ihm unzählige Buddhas, und vor jedem Buddha befindet sich ein weiterer Bodhisattva Samantabhadra.

Wenn du eine Stunde lang im Sitzen oder Gehen praktizierst, dabei das Reich Avatamsakas betrittst und alles auf diese Weise betrachtest, um den immanenten Vairochana-Körper aller Buddhas zu entdecken, dann berührst du unzählige Buddhas der Vergangenheit, Gegenwart und Zukunft, und du hörst alle Dharma-Vorträge, die jede und jeder einzelne von ihnen gibt. Als der junge vietnamesische Dichter plötzlich das Avatamsaka-Reich betrat und einer Buddha namens »Dahlie« begegnete, da hörte er dem Dharma-Vortrag zu, den die Buddha Dahlie gab, und tief bewegt verbeugte er sich vor der Dahlie. Der oder die Buddha lehrt immer. Die Zeiten lehren, die Länder lehren, Lebewesen lehren. Wenn du ein aufmerksames Ohr hast, dann hörst du das authentische Dharma die ganze Zeit.

Die Zukunft ist die Vergangenheit, und die Gegenwart ist die Zukunft. Die drei Zeiten betrachten einander und erwekken die Welt auf unendliche Weisen. Die Mittel, vollkommenes Wissen zu erlangen, sind unbegrenzt. In der Avatamsaka-Welt besteht Raum aus Zeit, und Zeit besteht aus Raum. Ein Teilchen des Raumes beinhaltet die Gesamtheit des Raumes. Ein Teilchen des Raumes umfaßt die Gesamtheit der Zeit. Ein Teilchen der Zeit beinhaltet die Gesamtheit der Zeit. Ein Teilchen der Zeit umfaßt allen Raum und alle Zeit. Wenn du mit dieser Praxis beginnst, so betrachte die Natur der Unbeständigkeit. Fahre dann fort mit dem Betrachten der Natur von Nicht-Selbst und Intersein. Allein dadurch wird sich dir alles in seiner Ganzheit offenbaren, das eine in den vielen und die vielen in dem einen.

Im Avatamsaka-Reich erfahren wir, daß alles ein Konstrukt unseres Geistes ist. Wenn wir uns in Vorstellungen verfangen, wenn wir selbst voller Verblendung und Leiden sind, dann erkennen wir nicht die wahre Natur der Dinge, und wir konstruieren uns eine Welt des Leidens. Wir errichten Gefängnisse, Höllen, erschaffen eine Welt der Rassendiskriminierung. Wir verschmutzen die Umwelt, weil uns die Einsicht in die wechselseitige Verwobenheit aller Dinge, ihr Intersein, fehlt. Die Welt, die ein verblendeter Geist erschafft, ist eine Welt voller Haß, Leiden und Verblendung.

Wenn wir tief in alles hineinschauen, Vipassana praktizieren, dann erlangen wir Einsicht; wir erkennen die wahre Natur des Interseins, und unsere Unwissenheit wird sich in Verstehen verwandeln. Begibst du dich nach der Lektüre des *Avatamsaka-Sutra* nach draußen, um Gehmeditation zu üben, dann wird dir die Welt etwas heller erscheinen. Es gibt mehr Licht, mehr Raum, mehr Blumen, mehr Ozeane. Es gibt mehr Vögel, die singen, und für dich gibt es mehr Zeit, dich an ihnen zu erfreuen. Auch dies ist ein Produkt des Geistes. Wenn wir weiterhin gemeinsam tief schauen, dann wird es uns möglich sein, die Avatamsaka-Welt gleich jetzt zu erschaffen. Dies ist die beste Art, Leiden zu verringern. Leiden verringern bedeutet, den Riesenberg von Unwissenheit abzutragen, unserem grundlegenden

Leiden. Alles durchdringt alles andere. Einer Person etwas anzutun bedeutet, gleichzeitig uns selbst und allen anderen etwas anzutun. Die Not eines anderen Menschen zu lindern bedeutet, die Not aller zu lindern, einschließlich unserer eigenen. Durch diese Einsicht entstehen Handlungsweisen, die wirklich hilfreich sind, so auch die großartigen Taten, die der Bodhisattva Samantabhadra vollbringt.

Im Avatamsaka-Reich ist die Zeit ohne Ende. Hier bei uns zerrinnt uns die Zeit, aber dort gibt es nie einen Mangel an Zeit. Und sehr viel Raum hat man dort. Der Raum dort besteht aus Zeit, und die Zeit besteht aus Raum. Hier bei uns haben wir die Vorstellung von einer Lebensspanne. Wir denken, daß wir vor unserer Geburt nicht existierten und daß wir nach unserem Tod nicht mehr dasein werden. Mit unserer Vorstellung von Lebensspanne haben wir nicht viel Zeit. Dort aber gibt es die Vorstellung von einer Lebensspanne nicht mehr, dort herrscht ausschließlich Freiheit.

Manche Leute fragen, ob es in der Avatamsaka-Welt Kaffee oder Coca Cola gibt. Ja, auch diese Dinge gibt es dort, aber außerdem so viele andere erfreuliche Dinge, daß die Menschen gar keine Coca Cola brauchen. Sie brauchen keine Drogen. Der Sonnenschein, die Wolken, die Blumen und die Juwelen bereiten so viel Freude, daß du gar keine Mittel brauchst, um zu vergessen. Hier in unserer Welt willst du vielleicht Zuflucht nehmen zu Dingen, die dir helfen sollen, die Wirklichkeit zu vergessen. Wenn deine Frau, dein Mann dir eine Menge Kummer bereitet, dann flüchtest du dich vielleicht in deine Studien oder in deine Arbeit, vielleicht auch in dein soziales Engagement oder das für die Umwelt. Du trinkst Alkohol, weil du vergessen, alles hinter dir lassen willst. Du nimmst Drogen, um aus einer unerquicklichen Wirklichkeit zu entfliehen. Im Avatamsaka-Reich aber sind die Dinge so angenehm, daß du all diese Hilfsmittel nicht brauchst. Sie sind nicht etwa verboten. Wenn du sie finden willst, kannst du sie finden, aber du brauchst sie nicht. Wenn wir Menschen, die miteinander verfeindet sind, ins Avatamsaka-Reich bringen, dann verhalten sie sich wie Buddhas. Sie profitieren von dem Licht, dem Raum, der Zeit, und sie tun nichts von dem, was sie hier tun würden.

Eines Tages praktizierte ich Gehmeditation. Die Blätter fielen wie Regen herunter. Als ich auf ein Blatt trat, bückte ich mich, hob es auf, betrachtete es und lächelte, denn mir wurde klar, daß das Blatt schon immer hier gewesen ist. In jedem Herbst fallen die Blätter, und in jedem Frühling manifestieren sie sich wieder. Sie bleiben einen Sommer lang und fallen dann im Herbst wieder zu Boden. Sie spielen Versteck, tun so, als ob sie sterben und wiedergeboren würden, aber das stimmt nicht. Als ich das Blatt eingehend betrachtete, sah ich, daß es nicht nur ein Blatt war, so wie der Buddha auch nicht nur eine Person ist. Der Buddha ist gleichzeitig überall. Das haben wir im *Avatamsaka-Sutra* und im *Lotus-Sutra* gelernt. Auch das Blatt war überall. Ich bat das Blatt, all seine Manifestationen zurückzurufen. Da das Blatt frei war von allen Vorstellungen über Geburt und Tod, war es dazu in der Lage.

Sieben Jahre nach dem Tod meiner Mutter wachte ich eines Nachts plötzlich auf, ging nach draußen, und ich sah den Mond, wie er hell schien. Gegen zwei oder drei Uhr morgens drückt der Mond immer etwas Tiefes, Ruhiges und Zartes aus, so wie die Liebe einer Mutter für ihr Kind. Ich fühlte mich eingetaucht in ihre Liebe, und mir wurde klar, daß meine Mutter noch immer lebte und immer leben wird. Stunden zuvor hatte ich im Traum meine Mutter sehr deutlich gesehen. Sie war jung und schön, sprach mit mir, und ich sprach mit ihr. Seitdem weiß ich, daß meine Mutter immer bei mir ist. Sie tat so, als würde sie sterben, aber es ist nicht wahr. Unsere Mütter und Väter leben in uns weiter. Unsere Befreiung ist ihre Befreiung. Was immer wir tun, um uns zu verändern, zu verwandeln, wir tun es auch für ihre Transformation, und genauso für die unserer Kinder und deren Kindern.

Als ich das Herbstblatt aufhob und betrachtete, mußte ich lächeln, denn ich sah, wie das Blatt diese Vielzahl seiner Körper aus allen zehn Himmelsrichtungen zurückrief, so wie es Buddha Shakyamuni im *Lotus-Sutra* getan hatte. Dann betrachtete ich mich selbst, sah mich selbst als ein Blatt, und ich rief meine unzähligen Körper für diesen Augenblick zu mir zurück. Das können wir tun, wenn wir die Vorstellung auflösen, wir seien nur hier und jetzt. Dabei sind wir gleichzeitig überall, zu jeder Zeit. Wenn du den Boden hier berührst, dann berührst du auch den Boden dort. Berührst du den gegenwärtigen Moment, dann berührst du auch die Vergangenheit und die Zukunft. Wenn du die Zeit berührst, berührst du den Raum. Berührst du den Raum, so berührst du die Zeit. Berührst du den Zitronenbaum im Frühling, so berührst du auch die Zitronen, die es in drei oder vier Monaten geben wird. Das ist möglich, weil die Zitronen bereits da sind. Den Zitronenbaum kannst du in der historischen Dimension oder in der letztendlichen Dimension berühren; es liegt ganz bei dir. Die Praxis des *Lotus-Sutra* besteht darin, dich selbst, das Blatt und den Baum in der letztendlichen Dimension zu berühren.

Wenn du die Welle berührst, berührst du gleichzeitig das Wasser. Das ist unsere Praxis. Wenn du mit einer Gruppe von

Freundinnen und Freunden Achtsamkeit praktizierst, indem ihr sitzt, geht oder Tee trinkt, dann wird es dir gelingen, die letztendliche Dimension zu berühren, während du in der historischen Dimension lebst. Deine Furcht, Ängstlichkeit und dein Ärger werden ganz leicht verwandelt, wenn du dich nicht auf die Wellen beschränkst, sondern es schaffst, gleichzeitig das Wasser zu berühren.

Die Welt des Friedens und der Freude liegt in Reichweite vor uns. Wir brauchen sie nur zu berühren. Wenn ich die Küche in Plum Village betrete, frage ich vielleicht eine Schülerin: »Was tust du gerade?« Wenn sie sagt: »Thây, ich schneide gerade Mohrrüben«, dann bin ich ein wenig enttäuscht. Ich möchte gern, daß sie die historische Dimension verläßt und die letztendliche Dimension berührt. Sie braucht nur hochzuschauen und zu lächeln. Falls sie gerade an etwas anderes gedacht hat und durch meine Frage wieder in den gegenwärtigen Moment zurückgebracht wurde, so könnte sie »Danke« sagen oder »Ich atme.« Das sind gute Antworten. Du mußt nicht erst sterben, um das Königreich Gottes zu betreten. Tatsächlich mußt du leben, um es zu tun. Was macht uns lebendig? Achtsamkeit. Alles und jedes um uns herum und in uns kann die Tür sein, durch die wir in das *Dharmadhatu* eintreten. Wenn du dich in Gehmeditation übst, dann bitte einen Baum oder eine Blume, dir vom Avatamsaka-Reich zu erzählen. Ich bin sicher, sie werden dir den Weg dorthin weisen.

In seinem Buch *Der Fremde* erzählt Albert Camus von einem Mann namens Meursault, der im Gefängnis ist. Eines Tages war es Meursault in seiner Zelle möglich, das Leben zu berühren, das Avatamsaka-Reich zu berühren. Er lag flach auf dem Rücken, schaute nach oben, und durch ein kleines Fenster an der Decke *sah* er zum ersten Mal in seinem Leben den blauen Himmel. Wie kann ein erwachsener Mann den blauen Himmel zum ersten Mal sehen? Es leben tatsächlich viele Menschen auf diese Weise, gefangen in ihrem Ärger, ihren Enttäuschungen oder ihrem Glauben, Glück und Frieden gebe es nur in der Zukunft. Meursault blieben noch drei Tage bis zu seiner Hinrichtung. In diesem Augenblick der Achtsamkeit war der Himmel wirklich da; und er war in der Lage, ihn zu berühren. Er erkannte, daß das Leben eine Bedeutung hat, und er fing an, in den Momenten, die ihm noch blieben, tief zu leben. So wurden die letzten drei Tage seines Lebens zu wirklichem Leben.

Am letzten Tag klopfte der Priester an seine Zellentür, um ihn zu einem Geständnis zu bewegen, aber Meursault lehnte ab. Schließlich ging der Priester enttäuscht weg. Meursault beschrieb ihn in diesem Augenblick als einen Menschen, der lebt, als wäre er schon gestorben. *»Il viet comme un mort.«* Meursault erkannte, daß es der Priester war, der Hilfe brauchte, und nicht er. Wenn wir uns umschauen, dann entdecken wir viele Leute, die wie Tote wirken, die ihren eigenen toten Körper über der Schulter tragen. Wir müssen alles uns Mögliche tun, um ihnen zu helfen. Diese Menschen müssen von irgend etwas berührt werden - dem blauen Himmel, den Augen eines Kindes, einem Blatt im Herbst -, damit sie aufwachen können.

Als kleiner Junge las ich ein Buch über einen Jäger, der sich im afrikanischen Dschungel verlief. Er dachte, er müsse sterben, weil er nicht mehr den Weg aus dem Dschungel fand. Aber er bestand darauf, daß er nicht zu Gott beten würde. So tat er etwas, das halb beten und halb scherzen war: *»Dieu, si tu existes, viens à mon secour!«* (»Gott, wenn es dich gibt, dann hilf mir!«) Wenige Minuten später tauchte ein Schwarzer auf und half ihm aus dem Dschungel. Später schrieb der Jäger: »*J'ai appelé Dieu, et il m'est arrivé un nègre.*« (»Ich rief Gott, aber ein Schwarzer erschien.«) Er wußte nicht, daß der Schwarze Gott *war*. Im Fall von Meursault rettete Gott ihn in Gestalt eines Stücks blauer Himmel. Uns rettet vielleicht eine Blume, ein Kieselstein, ein Vogel oder ein Donnerschlag. Alles kann uns eine Botschaft des Himmels, eine Botschaft aus dem Avatamsaka-Reich, bringen. Jegliches Ding kann uns hier und jetzt erwecken. Wir sollten da keinen Unterschied machen.

Als ich dieses Blatt aufhob, erkannte ich, daß es vorgab, im Frühling geboren worden zu sein und im Herbst sterben zu müssen. Auch wir erscheinen, manifestieren uns, damit wir anderen Wesen und uns selbst helfen, um dann wieder zu verschwinden. In uns haben wir eine wundersame Kraft, und wenn wir unser tägliches Leben in Achtsamkeit verbringen, wenn wir jeden Schritt achtsam und voller Liebe und Fürsorglichkeit tun, dann können wir das Wunder vollbringen, unsere Welt in einen wundervollen Ort zum Leben zu verwandeln.

Jeden Schritt langsam, voller Achtsamkeit tun, das ist ein Akt der Befreiung. Du gehst und du befreist dich von allen Sorgen, Ängsten, Plänen und Anhaftungen. Ein solcher Schritt trägt die Kraft in sich, dich von allem Leid zu befreien. Durch dein pures Dasein verwandelst du dich, und dein Mitgefühl wird Zeugnis ablegen davon.

Schau auf die Blumen, die Schmetterlinge und Kinder mit den Augen des Mitgefühls. Dies ist eine tiefgreifende Praxis, wie sie das *Lotus-Sutra* lehrt. Die Energie des Mitgefühls in dir verwandelt das Leben und macht es schöner. Mitgefühl wird stets geboren aus Verstehen, und Verstehen ist das Ergebnis tiefen Schauens.

Freudvoll wandelnd
in der letztendlichen Dimension,
gehe mit deinen Füßen,
nicht mit deinem Kopf.
Gehst du mit deinem Kopf,
so verlierst du dich.

Wenn sie das Dharma lehren
in der letztendlichen Dimension,
erfüllen die fallenden Blätter den Himmel.
Der Pfad ist bedeckt mit Herbstmondlicht.
Das Dharma erstreckt sich in alle Richtungen.

Wir sprechen über das Dharma
in der letztendlichen Dimension,
schauen einander an und lächeln.
Du bist ich, siehst du das nicht?
Sprechen und Zuhören sind eins.

Ich genieße mein Essen
in der historischen Dimension
und versorge damit alle meine Vorfahren
und alle künftigen Generationen.
Gemeinsam finden wir unseren Weg.

Werden wir ärgerlich
in der historischen Dimension,
so schließen wir die Augen und schauen tief.
Wo werden wir sein in dreihundert Jahren?
Wir öffnen die Augen und umarmen uns.

Wenn du verweilst
in der letztendlichen Dimension,
dienen Schneeberge dir als Kissen,
und hübsche rosa Wolken decken dich zu.
Es mangelt dir an nichts.

Wenn man meditiert
in der letztendlichen Dimension
und mit Prabhutaratna auf dem Löwenthron sitzt,
dann ist jeder Augenblick Verwirklichung,
jede Frucht reif und köstlich.

Quellen

Kapitel 3 – Das Aufkommen des Mahayana-Buddhismus
Das *Ugradatta-Sutra* ist im *Revidierten Taisho Tripitaka* unter der Nummer 322 zu finden. Im *Maharatnakuta,* einer Sammlung von Sutren, ist es das 19. Sutra.
Das *Vimalakirti-Nirdesha-Sutra,* im *Revidierten Taisho Tripitaka* die Nummer 475, ist 1944 unter dem Titel *Das Sutra Vimalakirti* in deutscher Sprache erschienen (Hokuseido-Druckerei-Tokyo), allerdings in einer zum Teil fragwürdigen Übersetzung. In englischer Sprache ist dieses Sutra u. a. erschienen in der Übersetzung von Robert Thurman, *The Holy Teaching of Vimalakirti* (Pennsylvania State University Press, 1976).

Kapitel 5 – Der bessere Weg, eine Schlange zu fangen
Das *Sutra über die Kenntnis vom besseren Weg, eine Schlange zu fangen* liegt sowohl in Pali als auch in chinesischer Sprache vor.
In Pali ist es als *Alagaddupama Sutta* (Schlangen-Gleichnis) die Nummer 22 des *Majhima-Nikaya;* als *Arittha-Sutra* (*Madhyama-Agama,* Nr. 220) ist es unter der Nummer 26 im *Revidierten Taisho Tripitaka* zu finden. Dieses Sutra wurde von Thich Nhat Hanh ins Englische übersetzt und mit Kommentaren versehen; in deutscher Sprache ist diese Ausgabe unter dem Titel *Donnerndes Schweigen* erschienen (Theseus Verlag, 1995).

Kapitel 7 - Der Diamant, der die Illusion durchschneidet
Das *Diamant-Sutra* ist im *Revidierten Taisho Tripitaka* unter der Nummer 235 verzeichnet. Es wurde von Thich Nhat Hanh ins Englische übersetzt und kommentiert; diese Ausgabe erschien 1993 in deutscher Sprache unter dem Titel *Das Diamant Sutra, Kommentare zum Prajnaparamita Diamant-Sutra* (Theseus Verlag, 1993). Abgedruckt ist der Sutren-Text in der Übersetzung von Thich Nhat Hanh auch in *Der Klang des Bodhibaums, Zeremonien, Verse, Sutren* (Theseus Verlag, 1995).
Zur Erörterung des Begriffs Leerheit siehe auch Thich Nhat Hanh: *Mit dem Herzen verstehen, Kommentare zum Prajnaparamita Herz-Sutra* (Theseus Verlag, 1989).

Kapitel 9 - Die drei Dharma-Siegel
Das *Sutra über die drei Dharma-Siegel* ist im *Revidierten Taisho Tripitaka* unter der Nummer 104 zu finden. Es wurde von Thich Nhat Hanh ins Englische übersetzt und ist in deutscher Sprache in *Der Klang des Bodhibaums, Zeremonien, Verse, Sutren* (Theseus Verlag, 1995) veröffentlicht worden.

Kapitel 13 - Die Welt des Avatamsaka
Das *Aniruddha-Sutta* ist im *Samyutta-Nikaya* unter der Nummer 22,6 verzeichnet. Von Thich Nhat Hanh wurde es ins Englische übersetzt und ist in deutscher Sprache in *Der Klang des Bodhibaums, Zeremonien, Verse, Sutren* (Theseus Verlag, 1995) erschienen.
Einige der Zitate aus dem *Avatamsaka-Sutra* sind direkt der chinesischen Fassung, andere der englischen Übertragung von

Thomas Cleary entnommen, *The Flower Ornament Scripture* (Shambhala Publications, Boston, 1993), siehe besonders Seite 442-445.

Kapitel 14 - Das Lotus Sutra
Ausgaben in deutscher Sprache sind: *Lotos-Sutra, Sutra von der Lotosblume des wunderbaren Gesetzes,* aus dem Chinesischen übersetzt von Margareta von Borsig (Verlag Lambert Schneider, 1992); *Das Dreifache Lotos Sutra,* übersetzt aus dem Englischen von Heinz W. Kuhlmann (Octopus Verlag, 1989).

Es gibt auch mehrere englische Übertragungen dieses Sutras; u. a. *The Lotus Sutra,* übersetzt von Burton Watson (Columbia University Press, New York, 1993); *Scripture of the Lotus Blossom of the Fine Dharma,* übersetzt von Leon Hurvitz (Columbia University Press, New York, 1976).

Eine sehr gute Darstellung der im vorliegenden Buch thematisierten buddhistischen Vorstellungen - Leerheit, Unbeständigkeit, Nicht-Selbst - findet sich auch in Thich Nhat Hanh: *Alter Pfad - Weiße Wolken, Leben und Werk des Gautama Buddha* (Theseus Verlag, 1991).

Die meisten Mahayana-Schriften wurden ursprünglich in Sanskrit niedergeschrieben; daher sind die buddhistischen Begriffe in diesem Buch ebenfalls in Sanskrit aufgeführt. Sind sie einer anderen Sprache entnommen wie der Pali-, der japanischen oder chinesischen Sprache, so ist das jeweils angegeben.

Zentrum von Thich Nhat Hanh
Plum Village
Sister Phuong – True Emptiness
Meyrac, Loubès Bernac
F–47120 Duras Tel. 00 33 / 53 94 75 40
Fax 00 33 / 53 94 75 90

Informationen über Thich Nhat Hanhs Aktivitäten in Deutschland und Österreich
Gemeinschaft für achtsames Leben
Karl Schmied
Attenbergstr. 20, Postfach 60
83730 Fischbachau Tel. 0 80 25 / 50 59
Fax 0 80 25 / 71 59

Informationen über Thich Nhat Hanhs Aktivitäten in der Schweiz
Meditationszentrum Haus Tao
Beatrice und Marcel Geisser
CH–9427 Wolfhalden Tel. 00 41 / 71 / 44 41 83
Tel. / Fax 44 35 39

Weitere Zentren und Meditationsgruppen, die in der Tradition von Thich Nhat Hanh praktizieren
Bodensee-Sangha
Claudia Wieland
Überlinger Str. 23
88682 Salem-Tüfingen Tel. 0 75 53 / 596

Waldhaus am Laacher See
Dr. Paul Köppler
56645 Nickenich Tel. 0 26 36 / 33 44

Zenklausen in der Eifel
Judith Bossert und Adelheid Meutes-Wilsing
Huffertsheck 1
54619 Lautzerath Tel. 0 65 59 / 467

Bücher von Thich Nhat Hanh

Alter Pfad – Weiße Wolken
Leben und Werk des Gautama Buddha
ISBN 3-89620-059-3

Das Diamant-Sutra
Kommentare zum Prajñaparamita Diamant-Sutra
ISBN 3-89620-066-6

Donnerndes Schweigen
Das Sutra über die Kenntnis vom besseren Weg, eine Schlange zu fangen
ISBN 3-89620-073-9

Einssein
Kommentare zu den Tiêp Hiên Regeln
ISBN 3-89620-054-2

Innerer Friede – Äußerer Friede
ISBN 3-89620-085-2

Der Klang des Bodhibaums
Anrufungen, Meditationen, Lieder
ISBN 3-89620-069-0

Mit dem Herzen verstehen
Kommentare zu dem Prajñaparamita Herz Sutra
ISBN 3-89620-086-0

Theseus Verlag

Bücher von Thich Nhat Hanh

Die Sonne, mein Herz
ISBN 3-89620-026-7

Das Sutra des bewußten Atmens
Kommentare zu dem Anapanasati Sutra
ISBN 3-89620-030-5

Über die Worte Buddhas
Kommentare zu sechs wesentlichen Sutras
ISBN 3-89620-074-7

Umarme deine Wut
Sutra der Vier Verankerungen der Achtsamkeit
ISBN 3-89620-056-9

Unsere Verabredung mit dem Leben
Buddhas Lehre vom Leben im
gegenwärtigen Augenblick
ISBN 3-89620-053-4

Das Wunder der Achtsamkeit
Einführung in die Meditation
ISBN 3-89620-087-9

Neuerscheinung:

**Aus der Tiefe des Verstehens
die Liebe berühren**
ISBN 3-89620-082-8

Theseus Verlag